二十四節氣在京都

柏井壽

二十四節気の京都 観る、知る、食べる、歩く

前言

一年三百六十五天。每個人的生活中都依循著月曆，每天確認今天是幾月幾日；但那只是數字的排列而已，跟自然的運作其實沒有關聯。比方說，就算日期從八月三十一日前進到九月一日，季節也不會忽然從夏季變成秋季。

也就是說，我們現在所使用的月曆，只是為了確認日期與星期幾，所以不太會讓人感受到季節的轉移。

因此，就輪到二十四節氣登場了。

不將一年區分成十二等分，而是二十四個時期；不用數字一一標示，而是依照季節命名。亦即每半個月變換名稱，讓人體會到更細微的季節變化，並且配合時節改變生活方式。

這二十四節氣是日本全國各地共同使用的曆法，日本雖然看似不大，其實也相當遼闊。隨著地理位置逐漸推移，各地的天候也有所不同。京都也是如此，京都有屬於本地的二十四節氣風貌。

在歲時、節日、飲食等各方面，京都有許多與二十四節氣相呼應的事物，從中選出特別值得推薦的項目加以介紹，正是本書的主旨。

而我撰寫時遇到出乎預料的難題，則是值得推薦的事物太多，如果一一詳加介紹，不論增加多少篇幅也寫不完，於是我才真正察覺到，京都與二十四節氣相關的事物，包括值得觀賞、品嚐、親自走訪的項目，不勝枚舉。

期待本書除了提供京都旅遊的導覽資訊，也適合作為讀物，讓各位享受閱讀的樂趣。

雖然我依照春、夏、秋、冬的順序，書寫每季的六個節氣，但是內容跟現實中的氣候可能會有若干差距，在此先請讀者諸君諒察。

就算時值春季、立春，京都的街道仍籠罩在隆冬中。但是春季的節慶儀式仍然會依照節氣舉行。如果各位能體會其中的樂趣，則幸甚矣。

還有一件事要提醒大家。也有許多狀況會跟節氣不一致。尤其是花期與食材等，不一定會依照節氣準時出現。請各位先做好可能會提前或延遲的心理準備。

歲時或節慶也是如此，不是按照固定的日期，而是在某個月份的星期幾舉行，隨著年份不同，節氣也會稍有一些差異。

一連串寫了許多藉口，希望各位海涵這類程度的誤差，認識二十四節氣。自古以來，京都這座城市的魅力，也包括著這類朦朧之美。

就像春季、冬季，二十四節氣有一定的規律。要順應自然的，其實是人。

那麼，請以舒緩自在的心情，細細品味京都的二十四節氣吧。

柏井壽

平成二十九年（二〇一七年）　立秋

目次

立春

或許放眼日本全國皆然，在一年四季中，春天是最令人期待的季節。每個日本人都能自然而然地唱出〈春天來了〉這首童謠，就是最好的證據。沒人會以愉悅的歌聲唱著〈冬天來了〉。年輕時對立夏還感到歡迎，但是一想到天氣會有多熱，不免覺得厭煩；立秋多少帶有一絲莫名的憂傷哀愁，到了冬天又使人變得瑟縮。能夠讓大家無條件歡迎的，或許只有立春吧。

立春時，正想著終於可以從京都凍徹心扉的寒意解脫，但是現實生活的氣候與節氣有所差距，仍處於隆冬之際。

制訂二十四節氣的中國屬於大陸型氣候，立春時氣溫似乎正開始上升，但是日本四面環海，這時正是最冷的時節。當立春到春分之間吹拂的強風「春一番」迎面而來，才令人感到春日終於來臨。

春水呀，流經四條五條通的橋下。〔謝蕪村〕

到了立春的時候，鴨川流水的顏色也稍有變化。受到穿越東山層峰的陽光照耀，閃爍光輝的鴨川就像春天的徵兆。原本因為寒風呼嘯，人們過橋時都會加快腳步，到了立春時，大家終於有心情停下腳步眺望北山。

這時的北山，山頂仍是積雪籠罩，彷彿山林依然離春天有些遙遠。京都位於盆地中央，市區狹窄，稍遠一點的山地，有個過去作為滑雪場頗受歡迎的「花脊之里」，立春時仍覆蓋著雪。花脊之里雖然位於較偏遠的左京區，但仍與京都市區屬於同一行政區，京都這座城市，看似狹小，實則遼闊。

景致

初午

二月的第一個「午」日稱為「初午」，京都人從小就知道這個常識，因為當天可以嚐到美味的稻荷壽司。

早在舊都遷移到平安京之前，西元七一一年的初午之日，掌管五穀的宇迦之御魂神降臨在伊奈利山。人們以稻荷大神的名義祭祀宇迦之御魂神，成為伏見稻荷大社的起源。

這一天稱為「初午祭」，即使歷經了一千三百年，現在仍有許多善男信女前來參拜，顯得很熱鬧。

在初午兩天前的「辰」日，當地人用稻荷山的杉枝做成「青山飾」，裝飾伏見稻荷大社的本殿與攝末社。給予參拜者的小杉枝，正是以青山飾為原型，保佑商業繁盛、

伏見稻荷大社的千本鳥居

闔家平安的護符。

初午之日的參拜，又稱為福詣，是著名的立春時節京都最熱鬧的祭神儀式。

初午遭到狐狸矇騙，剃了光頭。〔松尾芭蕉〕

俳人鵜澤投入醫門。為此，他剃了頭，整顆頭看起來光溜溜的。雖然今天是初午，想必是遭到狐狸矇騙才剃髮吧——神社的人邊捉弄著是橘，邊說著祝辭，當事人與周遭的人都笑得很愉快。我想這一定是因為附近有稻荷壽司可以吃的緣故吧。

在伏見稻荷大社門前有數家茶軒並列，在這裡除了稻荷壽司，菜單上還有烤麻雀，因為當地有吃掉稻米的天敵麻雀、祈禱五穀豐穰的習俗。訪客在乍看之下或許會感到退縮，但是連骨頭都烤得酥酥脆脆可以一起下嚥，著實令人訝異竟然如此美味。這可說是初午特有的樂趣。

和菓子與食材

椿餅

——並非出自刻意，將椿餅、梨、柑子這類點心混合盛在盒蓋裡，讓年輕人恣意取用——

正如《源氏物語》裡〈若菜上〉所描述的情景，椿餅是從平安時代開始廣為流傳的和菓子，根據某種說法，應是我國最早的餅菓子。在此之前稱得上菓子的點心，據說只有從中國傳來的揚菓子（油炸點心），所以椿餅可說是最早的和菓子。

作法是先將道明寺粉加甘葛汁揉成糰子，再用兩片山茶花葉挾住。而日式的和菓子後來也運用櫻葉與柏葉，演變為當季特有的和菓子。

與表現季節變化的和菓子在本質上有所不同。而流傳已久的「山茶花餅」的椿餅，正告訴我們這件事。

蕗薹

到了春天，京都的料理店爭相將山菜列在菜單上。首先登場的是蕗薹。在京都的山村，四處可見蕗薹的花芽。入春後，時間過得越久，蕗薹長得太大，苦味也會變濃。如果想品嚐微苦的嫩芽滋味，立春的時刻正好。

在享用過天婦羅等食物後，可以品嚐用味噌調味的蕗薹。將切碎的蕗薹快炒，加入味噌或味醂拌勻。早春的香氣迅速擴散開來。

值得探訪的店家與景點

世繼地藏

有座寺院位於河原町五條附近，平常很安靜，但是每年到了二月八日，就有許多人前來參拜，變得很熱鬧，這座寺院名為上德寺。

這裡跟京都其他許多寺院一樣，很少人會以正式名稱提及，而是以「京都的世繼菩薩」或「世繼地藏尊」的暱稱為人熟知。

慶長八年（一六〇三年），德川家康的側室阿茶局為悼念女兒，建立了這座寺院。這裡主要供奉的是快慶筆下的阿彌陀如來像，依家康的旨意從近江矢橋的神社遷移至此，但上德寺之所以廣為人知，卻是因為「世繼地藏」的存在。大祭儀式於二月八日舉行，如果要解釋為什麼會在這一天，則是因為適逢「一億劫日功德日」，前來參拜相當於修一億日的功德。

上德寺的世繼地藏

據說參拜了「世繼地藏」之後，就能獲得傳承，或是平安順產。再加上一億日的功德，恐怕沒有比這更大的福報了。

京都仰賴傳承得以維繫。以茶道、花道為首，從能狂言到傳統工藝，如果沒有人繼承，技藝就會失傳。當然傳承的對象不一定要有血緣關係。能夠繼承技藝與心，就是所謂的傳承。正因為傳承，所以有京都的存在，二月八日這一天彷彿是個象徵。

市比賣神社

從「世繼地藏尊」往南走，有座規模雖小但總是很熱鬧的市比賣神社。這裡供奉的神明以為女性除厄聞名，而且正如神社的名稱中有「市」這個字，也守護著市場。亦即保佑女性及商業的守護神。

雨水

這是冰冷的雪漸漸轉變為溫暖的雨的時節。

雖然人們有時候會因為夜間的寒冷而瑟縮著身體，但是大致上到了雨水，氣候已經轉變得像春天。不論草木或動物，所有的生物都顯得生意盎然。

這時，京都的街道就開始出現梅花的蹤影。一提到梅花，就想起道真公[1]。

梅樹啊，當春季的東風吹起，記得綻放梅花飄送香氣。即使以後主人不在，也別忘了春天的來臨。

道真公所歌詠的梅樹，據說為了追隨主人，甚至飛到九州太宰府。不過梅樹究竟是從何處起飛，眾說紛紜，其中建在四條烏丸附近的「菅大臣天滿宮」最有可能。

以京都為首，日本全國各地有多所祭祀道真公的神社，在京都就有「洛陽天滿宮

二十五社」，其中菅大臣天滿宮居於首位。

這座神社位於菅公誕生地的遺蹟，汲取他剛出生時洗浴用水的水井，仍保留至今。從這裡開始，參拜二十五座神社也別有一番樂趣。

北野天滿宮的梅花祭

說起京都的梅花，就想到北野天滿宮的梅花祭。梅花祭於二月二十五日舉行，神社內飄盪著梅花的香氣。

白梅盛開，花瓣飄落，相撲力士坐在北野茶店的折凳上歇息。〔謝蕪村〕

還有「長五郎餅」、「栗餅」等，這些欣賞梅花時品嚐的甜點，也令人聯想到春天的來臨。

---

1 譯註：菅原道真，日本平安時代的學者、詩人、政治家，後世奉為學問之神。

景致

梅花

古時候在京都提到賞花，據說不是賞櫻，而是賞梅。或許因為如此，京都這座城市有許多賞梅的著名景點。

譬如京都御苑。進入御苑西側的蛤御門後，附近往南延伸到出水口有一片梅林。走出御苑向西行，不久會看到麩的專賣店「麩嘉」，門口掛著大幅的暖簾。購買當季的生麩作為伴手禮是個不錯的選擇。午餐時段在下長者町通的「喫茶茶間」品嚐辛辣的咖哩，稍微流點汗也很好。

或是來到二條城。這裡同樣在西南隅有梅林，到了雨水的時節，紅、白、桃各種顏色的梅花盛開。其中最罕見的，是一棵「源平梅」。

離洛中稍微有段距離，梅宮大社的神苑裡，種植著超過三十種梅樹，大約共有

賞櫻的著名景點，梅宮大社

五百株。這些梅花爭相盛開的景象異常優美，壯麗的景觀不負梅宮的名聲。

從這裡再往西，則是供奉酒神，有眾多民眾參拜的松尾大社，這兩間神社通常可以接連著參拜。然後再去嵯峨野的竹林散步，象徵喜慶的「松竹梅」就到齊了。

因為你身上帶有梅花的香氣，我變得特別留意梅花開的季節。

建於神樂岡的和泉式部寺「東北院」，在本堂旁有白梅盛開，傳說是「軒端之梅」的後代，綻放出華麗馥郁的花香。

「軒端之梅」同時也成為謠曲〈東北〉的題材，由此可見從平安時代以來，梅花美麗的外觀與香氣有多令人著迷。

和菓子與食材

引千切

屬於雨水時節的節慶儀式就是雛祭。三月最早的巳之日，是上巳的節日，在中國則是上巳節，也就是配合春天的到來，在河川沐浴淨身，消除晦氣後，舉行宴會的節慶由來。不過自古以來，日本就有「雛遊」的宮廷儀式，據說將兩者結合起來，就成為三月三日的「女兒節」。

據說雛祭是從江戶初期在御所盛大舉行，自此之後，不僅是貴族，以武士階級為首，也開始遍及於一般庶民之間。

雛祭的點心，包括著名的雛霰、菱餅，不過在京都，在女兒節不可或缺的是一種叫作「引千切」的餅菓子。

由於形狀的關係，「引千切」的別名又叫作「阿古屋餅」，特徵是餅的一部分像

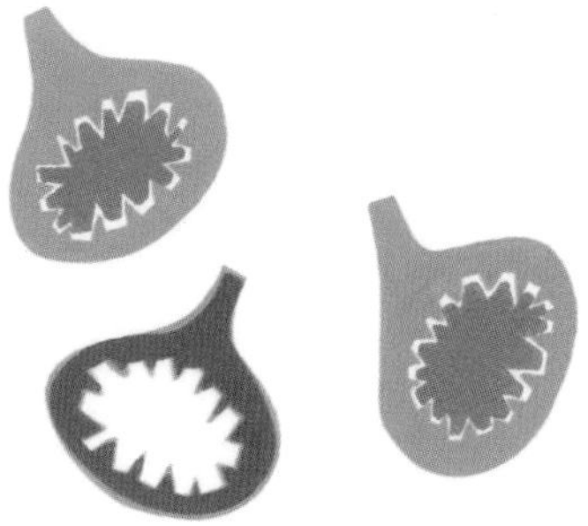

把手一樣拉長。圓型的餅身正中間有凹陷，在這裡裝飾著餡。京都販賣上菓子的店家，每逢雨水時節都會販售「引千切」。

生麩

與京豆腐、京湯葉齊名，近年來，京生麩越來越受歡迎。

生麩與乾燥的麩嚐起來口感不同，嚼起來帶有獨特的黏韌，在舌尖留下柔軟的觸感。由於是種自然的食材，可以運用的範圍很廣。

藉由混入麩質蛋白，生麩的顏色與味道都會產生變化，在雨水的時節，就輪到蓬麩登場了。

艾蒿的香氣與苦味，以及翠綠的色調，宛如春天的象徵。如果塗上蕗薹味噌之類做成田樂，送進口中，彷彿也帶來春季的瀾漫。

值得探訪的店家與景點

聖德太子

正式名稱是「紫雲山頂法寺」，不過「六角堂」更為人熟知。建於烏丸六角東北角的這座寺院，是著名的花道聖地，不過從另一個角度來看，它也是聖德太子創建的寺院。

那是遷都至平安京前兩百年以上的事。聖德太子因建立四天王寺，為了搜尋木材來到京都。某日，太子準備在水池沐浴淨身，將隨身攜帶的小型佛壇掛在樹枝上，不料佛像竟然動了起來，還向太子建言，讓祂留在當地，拯救眾生。聖德太子聽了之後，便決定在池畔建立佛堂，安置佛壇。由於這座佛堂的外觀呈六角形，所以又稱為六角堂。

在雨水時節，每逢聖德太子忌日——二月二十二日，這座寺院就會舉行盛大的「太

聖德太子創建的六角堂

子祭」，寺廟內還有幾處值得參觀的地方，可以趁機一併探訪。

其一是傳說中聖德太子沐浴的遺跡，在池中有石井。由於在池畔建有住持的住所，守護著寺院，所以有池坊的名稱。

其二是「臍石」。在營建平安京時，由於道路橫跨過本堂，請示神明之後，將佛堂略往北遷移，搬到現在位置，並在原來位置留下一塊石頭，稱為「本堂古蹟之石」，而由於六角堂位於京都中心一帶，所以又得到「臍石」這樣的稱呼。

說到跟聖德太子有關的寺院，絕對不能忘了太秦廣隆寺。

秦河勝以聖德太子賞賜的佛像為本尊，創建了這座寺院，這裡供奉著聖德太子像。這裡同樣會在二月二十二日舉行「聖德太子正當忌」法會。京都的太子信仰，一直延續至今。

驚蟄

「蟄」是昆蟲藏伏在土中，「啟」則意謂著開啟。換句話說，驚蟄2就是昆蟲受到陽氣影響，從土中爬出的時節。

受陽氣吸引的不只是昆蟲，人們為了沉浸在春天溫暖的空氣裡，也會走出藺居的家門。目的是賞花、賞鳥，或者是食物。

梅花的花期即將結束，桃花與山茶花登場。儘管如此，離櫻花開還早，這就是所謂的驚蟄時節。

梅花綻放，桃花也開了，淡雅的芬芳瀰漫著京都。

花開後，就會結實。這是天降甘霖的預告。樹木為了開花需要水分，因此在驚蟄時，洛北的貴船神社會舉行祈雨儀式。

每年三月九日進行的「祈雨祭」，是在農耕即將開始的這個時節，祈禱這一年會

有適量的雨水、五穀豐穰。也就是說，雖然名為祈雨，但不是祈禱一定要下雨，而是盼望天候能維持順利。

掌管雨的神是龍神。不只是降雨或停雨，還讓降雨積蓄在地下，適時地湧出地表。而龍神也就是貴船神社祭祀的高龗神。是伸得又廣又深的樹根，將雨積蓄在土中。位於城市北方的貴船，深山中長著茂密的森林，正是適合龍神的場所。據說，貴船（KIBUNE）這個地名，源自日語同音的「木生根」，就是這個道理。

我一直認為，京都是由水構成的。如果京都沒有這麼豐沛的水資源，就不會發展成今日的榮景，也不會是高人氣的觀光勝地。最適合向主司水的龍神請安的時節，正是驚蟄。

2 譯註：在古代中國及現代的日本稱為「啟蟄」。

景致

山茶花

山茶花與梅花、櫻花在同一時期綻放，因此常被這兩者搶走風采，但說起與京都氣質最相符的春季花卉，應該是山茶花。依品種不同，從晚冬開到初夏，由於難以界定花期，所以很容易遭到忽略。

地藏院有「椿寺」之稱，院內的山茶花在驚蟄開始綻放，從春分到清明是最適合觀賞的時節，幾乎跟櫻花重疊。

如果同時有櫻花與山茶花，一般會以櫻花為主，地藏院的山茶花，以豐臣秀吉捐贈的「五色八重散椿」為首，有白椿、紅椿等在狹窄的院內爭相綻放，成為名符其實的「椿寺」，值得欣賞。

適合長時間欣賞山茶花的是真如堂。以三重塔為背景的紅椿與極美的風景，令人

地藏院

想起寺院的正式名稱是「真正極樂寺」。

空海作為神護寺的守護神，創建了平岡八幡宮，「椿之小徑」穿越的庭院裡，有著多達二百種的山茶花盛開。

從驚蟄到春分之間，會舉辦「惜椿會」，由於本殿內陣的「花之天井」也有開放參觀，建議可以一起欣賞。

涅槃會

陰曆二月十五日，是釋迦入滅的日子。現在的京都，在驚蟄時會舉辦追念釋迦牟尼的法會，稱之為「涅槃會」。許多寺廟會特別公開描繪入滅情景的「涅槃圖」，像東福寺、真如堂、本法寺、泉涌寺、清涼寺等，都是著名的例子。

和菓子與食材

花供曾　花供御

這是與涅槃會相關的和菓子，兩者的讀音都是「HANAKUSO」，音同日文的「鼻屎」。有些人只根據發音，以為是種滑稽的京菓子，讀到這樣的撰文介紹，真令人感到莫可奈何。

前者「花供曽」，是以「白河路」煎餅聞名的店家「田丸彌」製作的點心，在稍微烤過的霰餅灑上黑砂糖。由於真如堂在涅槃法會時授與參拜者「花供曽」，因此為人知悉。

後者「花供御」是在小粒的霰餅裡混入黑豆或花生，也是東福寺在涅槃會時才會在本堂授予的點心。

不論是華麗的，還是和節慶儀式相關的，都包括在京都的和菓子之內，所以無法以「京甜點（sweet）」一詞來涵蓋。

本諸子魚

本諸子魚是琵琶湖特產，是京都人熟悉的淡水魚，但在其他地方鮮為人知。從秋季到初夏，有相當長的時期都可以吃到，通常到了冬季是最美味的時節，但也有人認為春季能吃到魚腹有卵的本諸子魚，才是最鮮美的時期。

隨著個人喜好不同、以及每年時間的推移，情形多少會有些不同，而我個人最推薦的，仍是驚蟄時節的本諸子魚。

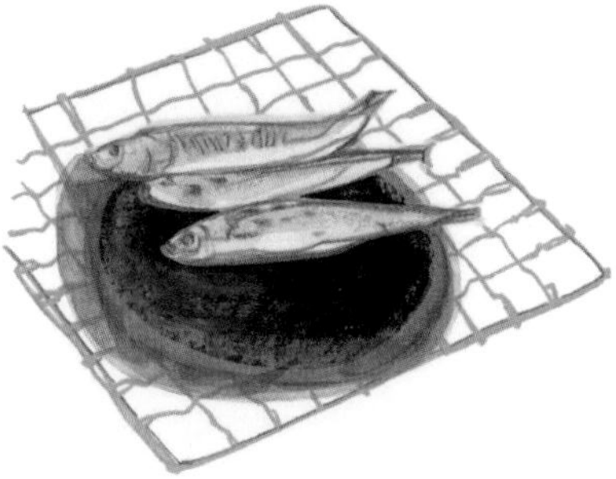

值得探訪的店家與景點

出水通的七項奇觀

京都因水而建立，出水通正是一種象徵。為了尋求豐沛的水源，許多人定居下來，開設店面。有人聚集的地方寺社自然會增加。雖然是不是這樣並不確定；從千本通向西走，並排著小間的寺社，呈現寺町通的樣貌。自古以來有著「出水通的七項奇觀」之稱。

其中有幾處奇觀已經消失，或是只剩下痕跡，有的甚至難以靠肉眼辨識。包括這些不確定的部分在內，且先走去瞧瞧。

華光寺過去在七項奇觀中佔了兩項，都與樹木有關。其一是「時雨松」，不論天氣多麼晴朗，松樹的樹稍都有水珠滴下，彷彿陣雨一般。還有一處是「五色椿」，是會綻放五種顏色的茶花。

光清寺的「夢幻貓」，據說是從繪馬逃出來的貓，化身為女性的模樣唱歌跳舞。雖然木紋消褪，畫的輪廓也已不清楚，只能看得到貓眼。這段風雅的傳說現在依然存在。

五劫院裡留下稱為「寢釋迦」的奇觀。一開始只能看到木頭的紋路，但是不知不覺就會看到釋迦牟尼睡著的樣子，所以不可思議。提起釋迦牟尼的睡姿，就令人聯想到涅槃圖，不過「寢釋迦」的頭向西，或許是朝向西方淨土吧。

觀音寺的「百叩之門」，是將伏見城的牢獄門移建過來。傳說中，罪犯被罰在門前叩頭一百次，然後就可以在這裡獲得釋放。據說到了夜晚，從門附近會傳來哭泣的聲音。

最後是極樂寺的「三門」與「金谷水」之井。如此這般在出水通邊走邊確認奇觀，在西陣有多條像這樣的道路。

觀音寺的「百叩之門」

春分

在二十四節氣中，日本制訂為國定假日的，只有春分與秋分。因此，儘管其他的節氣日期多半沒人清楚，但春分跟秋分連小孩都知道。而且這兩天都是「彼岸」期間正中間的一日，藉由掃墓，正是超渡祖先前往極樂淨土，表達追思的時節。

在「中日」向祖先獻上感謝之意，其他六日每天落實「六波羅蜜」，以達到開悟的境界。

「六波羅蜜」簡單說來，或許就是布施、持戒、忍辱、精進、禪定、般若這六件事，但我並不是這方面的專家，如果有其他的解釋，請多包涵。

在春分時節，除了正值櫻花盛開，也是京都街上人最多的時候。相較之下，能夠欣賞秋季紅葉的時期比較長，春季櫻花綻放的時期很短，很快就凋零了。

儘管隨著地點不同，櫻花多少有早開、晚開的差別，但是花期大致上都是兩週。

而這兩週通常適逢春分時節，雖然櫻花初綻的日期不同，通常在春分的時候開始綻放，進入清明時分開始飄零，除非是相當遲開的特例，到了穀雨時應該已經沒有櫻花，只有滿樹嫩綠色的櫻葉隨風搖曳。

而究竟要在哪裡賞櫻，則是春分時節最令人煩惱的問題。近年來，隨著資訊發達，除了媒體報導，部落格與社群網站等也隨時更新花期最新消息，只要參考這些，想推算出欣賞京都櫻花的時機，就不至於太過困難。

問題在於時間點。如果要說什麼時刻最適合賞櫻，毫無疑問是清晨。櫻花跟人一樣，經過一夜徹底休息，就會顯得生意盎然。

景致

賞櫻

雖然京都有許多其他值得一看的地方，但在春分時節，櫻花當然不可錯過。不論我是個多麼獨排眾議的人，在這個時期還是不免跟其他人一樣。

花開三分、五分，接近盛開——儘管有這些花訊公布，但和實際上親眼看到的景象還是常有些不同。大致參考即可。

以櫻花早開聞名的，是建於「嵐電」旁的車折神社。同名車站以冷僻到令人不知該怎麼唸聞名，而神社的鳥居就在車站的正前方，很快就可以找到。往年都是在「彼岸」時節迎向花期最美的時刻，過後其他品種的櫻花也會陸續綻放，一直到清明節之前，都可以欣賞櫻花的美景。

平野神社的魁櫻

說到品種之多，沒有其他地方能勝過平野神社。共有超過數十種櫻花在神社內爭相盛開。從最早的河津櫻開始，一直到清明都有櫻花可以觀賞。

以「醍醐賞櫻」聞名的醍醐寺花季也很長。從彼岸結束後，到染井吉野開始綻放，院內滿滿盛開著紅枝垂、八重櫻、山櫻，相當壯觀。

而不太為人所知的早開櫻花，還有「阿龜櫻」。

靠近出柳町站的長德寺門前綻放的「阿龜櫻」，據說是英國的櫻花研究學者英格拉姆培育的品種，是寒緋櫻與豆櫻的後代。這種櫻花有著與寒緋櫻相似的深桃色花瓣，在春季晴空的襯托下相當亮麗。由於染井吉野櫻花瓣的顏色逐年變淡，因此或許會讓人覺得顏色過於濃豔。

同樣的「阿龜櫻」也種植在賀茂大橋對岸的堤防，兩地的櫻花隔著河川爭相盛開。

從長德寺沿著今出川通往東行。位於百萬遍交叉點東側的知恩寺，種植著「富士櫻」。這也是早開的品種。它是豆櫻的一種，色澤遠比「阿龜櫻」來得淡。趁著賞櫻，晨間順便在鴨川畔散步也很好。

和菓子與食材

櫻餅

京都的和菓子種類廣泛，從茶席間用來招待客人的「上生菓子」，到日常生活當點心吃的「餅菓子」都包括在內，販售的店家也有所不同。

像一般的點心鋪，不會販售練切或金團等上生菓子，反過來說，稱為「菓子司」的和菓子店也不會提供餅菓子。

京都人對這些事分得很清楚，如果弄錯了很可恥，不過近年來兩者之間的界線變得越來越模糊，應該是以觀光客為取向的店面增加的緣故。

這些都暫且不管，先來介紹櫻餅。京都的櫻餅跟關東的不同，使用道明寺糒製作餅，染上櫻花般的淡紅色之後加入餡，以用鹽醃過的櫻葉包起。

像桂離宮旁的「中村軒」，位於嵐山的「鶴屋壽」等店的櫻餅都頗受歡迎。

筍

近年來，烹或料亭爭先搶用當季食材的情況越來越明顯。

原本，偏好新鮮事的多為江戶的風流人士，而京都人則較重視餘韻，但如今彷彿為了配合來自關東的客人，京都這裡也開始爭相選用當令的食材，這種風氣實在不值得助長。

現在，到了寒冬時，每家餐廳都有筍也不稀奇，但若真要享受當令的筍，應該趁著櫻花綻放的春分。如果在洛西、塚原附近，只要早晨去挖絕對沒問題。不含苦澀滋味的純白竹筍，就像春季的寶石。

值得探訪的店家與景點

京都的名櫻

在日本各地都有櫻花綻放，京都的櫻花卻是特例，在春分時節，除了日本各地，更有遠從世界各地前來京都賞櫻的旅客。就算找不到特殊的景致，絡繹不絕的人們追隨著視線所及的櫻花，不知不覺就形成了京都的賞櫻之道。因此，介紹京都櫻花的書不勝枚舉，若要加上雜誌與電視報導，恐怕沒有哪棵櫻花樹會被遺漏掉吧。

在京都的櫻花中，其中有幾處堪稱為「名櫻」。

位於京都御苑北側，在近衛邸跡綻放的系櫻，可說是京都櫻花的先驅。這裡的櫻花叫作「近衛櫻」，既惹人憐愛又稍縱即逝，令人聯想到遙遠的平安時代。

千本釋迦堂的本堂，據說是「京都最古老的木造建築」。在一旁綻放的是「阿龜櫻」。櫻樹矗立的姿態，彷彿象徵著美好的夫妻之愛。

東寺的「不二櫻」與五重塔

東寺是洛南首屈一指的名勝，寺內綻放的「不二櫻」，是從岩手盛岡移植而來。以五重塔為背景盛開的情景，華美地令人驚豔。

說到櫻花，最具代表性的是「染井吉野」。以數量來說，佔了京都櫻花的大半，當然，這些櫻花樹的樣貌都很相似，但水邊的染井吉野櫻是個例外。

種植在嵯峨大覺寺院內大澤池畔的櫻樹，將枝枒伸展到水面上的情景很美，特別有京都氣息。在賀茂大橋以北的賀茂川、高野川，也呈現類似的風情。

在上賀茂神社內綻放的「御生櫻」，以及位於洛中，在雨寶院狹隘的院內伸展枝椏的「御衣黃櫻」，綻放著黃綠色的櫻花，不僅稀有也顯得令人憐愛。水火天滿宮的枝垂櫻，桃色的花瓣幾乎掩蓋整座寺院，朝上仰望時，連一窺晴空的縫隙都幾乎找不到。位於東山，養源院「紅八重枝垂櫻」的色澤，反映著淺井家的興衰。

清明

儘管過了春分，到了清明時節，京都整座城市仍籠罩在櫻花的色彩中。近年來，越來越多人選在清明時分前來賞櫻。甚至有人說，春分的櫻花只能算揭開序幕，過了清明以後，才是真正的重頭戲。

後櫻

仿效祇園祭分為前祭與後祭，清明時節的櫻花稱為後櫻。

春分與春假期間重疊，所以多少有點嘈雜，如果大人想從容地賞櫻，清明時節可能比較適合。

正如那句「秋從山臨，春自村來」，在深山中，到了清明，終於開始帶有春意。

城裡盛開的櫻花雖然華美，在山林間古寺悄悄綻放的櫻花，蘊含侘寂的風情，意境幽遠。

當照亮嵯峨夜櫻的燈火熄滅，夜色中飄來細微的櫻花香。（與謝蕪村）

京都的清明，正是欣賞後櫻的時節。

春天的舞蹈

彷彿迫不及待春天的到來，花街的舞妓、藝妓也展開如花朵般華麗的舞蹈。在京都五花街中歷史最悠久的上七軒「北野舞」，在春分時已經開始，宮川町的「京舞」或祇園甲部的「都舞」都始於春分，在清明時節迎向極盛時期。

欣賞櫻花後，觀賞像花朵般華麗的舞蹈，這正是清明時節特有的愉悅享受。

景致

雪柳

不知不覺，人們也開始在清明時節追尋櫻花。不過，我建議大家欣賞開著白花的雪柳。不必刻意尋找，在京都各地，諸如賀茂川堤、哲學之道，隨處可見，尤其是賀茂川堤，伸展延向川面的小花，柔軟地隨著川風搖曳，優雅地飛舞著。

有時，雪柳與「關雪櫻」的花期重疊，桃色與白色的花朵交織在一起，猶如爭艷。雪柳同樣也在水邊綻放。以石庭聞名的龍安寺，池面倒映著白色小花。越過山門後，在「鏡容池」附近，純白的雪柳，綻放著米粒般的小花。

然而，只有石庭，就不算庭院。還有像白狐尾巴似的花引誘著參拜客。若抱持著先入為主的觀念，認為龍安寺等於石庭，很容易錯過美麗的花。希望大家都能懂得珍惜眼前當下的事物。

今宮神社的夜須禮祭

夜須禮祭（鎮花祭）

據說在平安時代，到了櫻花凋零的時候，一定會有瘟疫流行，許多人因此喪生。為了讓花停止飄散、祈禱瘟疫絕跡而舉行的祭典，稱為「夜須禮祭」，以今宮神社為首，由四所神社繼承下來。

夜須禮祭跟「鞍馬的火祭」、「太秦的牛祭」齊名，名列京都三大奇祭之一。隊伍以花笠[3]領頭，人們身穿祭典的服裝，敲打著鉦太鼓邊跳舞邊遊行的行列，的確符合奇祭的稱號。在富有節奏感的伴奏間，穿插著呼喊「夜須禮花喲」的聲音，持續在耳畔迴響。

所謂平息花的靈魂的祭典，正適合清明時分。

3譯註：以花裝飾的笠或傘。

和菓子與食材

蕨餅

清明時節，我和老字號的和菓子店老闆談話，聽到「岡太夫」這個不熟悉的點心名稱。一問之下，原來這是蕨餅的別稱。

醍醐天皇嗜吃蕨餅，據說甚至授與蕨餅「太夫」爵位，而這個別名也以〈岡太夫〉這段狂言的演目廣為人知。無論如何，這是種適合太夫稱號的菓子。

近年來，蕨餅作為京都名產，頗受歡迎，由於原料蕨粉相當稀少且昂貴，所以人們利用葛粉、木薯，或是從甘薯取得的澱粉作為替代品。如果蕨餅放在冰箱冷藏不會變色、不會變硬，那麼很有可能使用的不是蕨粉。有些食物，即使店門前大排長龍，也未必真的美味，其中典型的例子就是蕨餅。

櫻鯛

在麥穗結實時，上市的是麥稈鯛。

在紅葉時節，就稱為楓鯛。

櫻花綻放時，是櫻鯛。

彷彿臉頰上泛起微紅，淡淡櫻花色的鯛魚，似乎在讚頌著春天。

同樣是鯛魚，季節不同，名稱也會改變。既是魚中之王，又稱為女王的，也只有鯛魚。

當然，隨著潮流或海水溫度的不同，鯛魚的味道也有所差別。不過印象造成的差距更大。在櫻花綻放的華麗時節，或是散發著侘寂風情的紅葉時節，品嚐者的心情也有所不同。

從瀨戶內海運到京都，仍保持鮮豔光澤的櫻鯛，是清明時節最鮮美的食材。

值得探訪的店家與景點

絹掛之路

行經金閣寺、龍安寺和仁和寺這三處世界文化遺產的道路，稱為「絹掛之路」，這名稱其實並不久遠。原本的路名毫無觀光道路的氣息，經公開徵選，新訂的路名變得廣為人知，感覺像是條歷史悠久的道路。

傳說宇多天皇喜歡賞雪，盛夏時，他會派人到衣笠山上掛滿白絹，偽裝成一片雪景，「絹掛之路」之名，據說就是緣自這個故事。

順帶一提，京都烏龍麵店的餐點「衣笠丼」，也和衣笠山掛滿白絹的傳說有關。衣笠丼是將燉煮過的淡味油炸豆皮盛在飯上，和生蛋混合。據說是因為生蛋遇熱時，半熟蛋白看似雪之故。

清明時節，「絹掛之路」蛻變為櫻花之道。

仁和寺的「御室櫻」

金閣寺與櫻花，想像中應該很協調，但櫻花卻超乎預料的少，大概只有寥寥可數的山櫻花綻放。若為賞櫻而去，恐怕敗興而歸。如果要找櫻花，建議去附近的平野神社。

和緩的坡道，在山間劃出帶圓的弧度，行經堂本印象美術館，抵達龍安寺。途中會經過蛋包飯專賣店「Omura House」與老字號蕎麥麵店「權太呂」等，不愁沒地方吃午餐。

從龍安寺到仁和寺只有一小段距離。這段路以遲開的櫻花聞名，是京都人熟知的「御室櫻」。

我是阿多福[4]，鼻如御室櫻，花雖開得低，卻討人喜歡。正如低矮的櫻花以謙虛的姿態開玩笑，仁和寺遲開的櫻花也垂得很低，走近點就能聞到花香。順便欣賞途中綻放的花朵、將遠山淡淡染上一層色彩的櫻花。

4 譯註：阿多福為日本的女面具，是圓臉、高額頭、低鼻梁的臉型，指其貌不揚的女子；而日文中花與鼻子的音相近，於是拿花來比喻低鼻梁。

穀雨

這或許是二十四節氣中，人們最不熟悉的名字。

正如我們根據字面想像的意思，是為了讓穀物生長而下的雨，水田與旱田已整頓好，接下來只等著雨從天降。

這時節，是從春季進入夏季的過渡時期。「夏日即將接近的八十八夜」正處於穀雨的尾聲。

無霜陰霾，八十八夜。〔正岡子規〕

正如俗諺「八十八夜別離霜」，霜降在這個時節到了尾聲。有時在霜降的日子反

而更為寒冷，這也是穀雨的特徵。京都的居民，這時也煩惱著到底什時候要收起暖桌。

到了穀雨後半，櫻花的花期結束後，原本退散的人潮又再度出現。此時正值黃金週。許多人來尋找新綠的景致，京都的街道變得很嘈雜。如果要在穀雨時節拜訪京都，最好選前半的時期。

青楓

近年來，比起槭樹，一般人更傾向於稱這種樹為「青楓」。在立夏來臨前的穀雨時節，悄悄地下起雨之後，槭樹葉就生意盎然地閃耀著綠色的光采。

尋找適合欣賞青楓的地點，出乎預料地容易。因為跟賞紅楓的著名景點相同，譬如紅葉像燃燒般在寺內延展開來的東福寺。跟秋季相比，這個季節來訪的人潮少了許多。從通天橋上方以及偃月橋俯瞰，青楓形成的絨毯，美得令人屏息。

景致

御忌大會

淨土宗開宗祖師法然上人的忌日法要，從四月十八日到二十五日，在知恩院舉行。忌日在一月二十五日，但為了讓更多檀信徒參加聚集，更改到四月。

御忌鐘聲，響徹谷底冰。〔與謝蕪村〕

由此可推測，蕪村在世時，仍在一月舉行。

以「御忌詣」作為一年參拜的開始，人們打扮後，帶著愉快的心情參拜，因此也衍生出「御忌小袖」、「服裝競賽」、「便當之始」等名詞。

如今，一整年都可以吃得到便當，由於本來是在野外食用，所以只限於特定的時期。一年中，享用便當的時期從「御忌詣」開始，結束於東福寺的紅葉時期。京都的行樂從知恩院開始，在東福寺告一段落。

城南宮　曲水之宴

洛南的城南宮在四月二十九日舉行「曲水之宴」，其實是再現三月上巳之日平安貴族風雅的遊樂。

在神苑「樂水苑」裡緩緩流過的引水渠流旁，歌人們穿著古時候的裝扮，朗誦和歌記在短冊[5]上，拿取從上流飄來的羽觴，用酒盞一飲而盡，曲水之宴就是如此風雅的儀式。這座城南宮是守護著京都南方神明的神社。京都人對於這位消除方位災厄的神祇相當熟悉。

城南宮的「曲水之宴」

5譯註：歌詠短句或俳歌時使用，帶有裝飾的厚紙片。

和菓子與食材

唐衣

妻子彷彿熟悉的唐衣，離開她遠行，感到無限寂寥。

在原業平所歌詠的唐衣，不僅是衣物，同時也是具有代表性的春季和菓子，當五月來臨，便開始陳列在和菓子店門口。這種生菓子以燕子花為意象，將外郎或以白餡為材料製作的素材染成紫色，並薄薄地延伸開來，切成四角形後在中央放入餡，折疊後形狀看起來就像燕子花。若是為茶席提供上生菓子的店面，通常在穀雨時節會擺出「唐衣」。

花山椒

說起京都料理不可或缺的調味料，就是山椒。

我常聽說，在京都以外的地方，山椒只用來做蒲燒鰻，但是在京都，除了灑在烏龍麵或丼飯上，也經常運用在煮魚或牛肉料理等菜餚。

正如使用山椒的料理會冠上鞍馬的地名，洛北鞍馬正是著名的山椒產地。

有木之芽之稱的山椒葉，一整年都吃得到，但花椒與綠色的山椒果實，只有在早春時能夠享用。尤其花椒的產量不多，較為稀少。過去只有在京都能吃得到，近年來，在東京也開始受到人們喜愛，因此貨源又變得更不足了。

花椒與牛肉很搭，若以高湯醬油為牛肉壽喜燒調味，用切薄的肉片包覆著花椒送入口中，嘴裡立即擴散出春天的香氣。當山椒開的花謝了之後，果實開始上市，這對京都人來說，也是不可或缺的存在。山椒吻仔魚現在仍是京都名產。

值得探訪的店家與景點

晚春的嵯峨野散步

嵯峨野。光是聽到這個名稱，每個人都會覺得受到吸引。尤其在穀雨時分更是如此。風越過綠意盎然的竹林吹拂著臉，此時正適合在嵯峨野附近散步。

起點是天龍寺。這是個有多間方丈室的寺院，說起從方丈室看出的庭園風景，其壯觀程度簡直無可匹敵。這是座以名勝嵐山為背景，有著遼闊視野的壯觀庭園。正對著「大方丈」的「曹源池」勾勒出沙洲畔的圓弧，以充滿震撼力的美景，打動著觀賞者的內心。

從北門走出天龍寺，接下來要走向野宮神社。這是座建於竹林中的神社，過去齋王作為天皇的代理人，擔任伊勢神宮的神職，出發前在這裡沐浴淨身。此地也是能劇

嵯峨野的竹林

演目〈野宮〉的舞台，由於《源氏物語》而為人熟知。

「竹林」可說是嵯峨野第一美景。弧度和緩的細道旁有柴牆一路延伸，上方的竹子朝向天際伸直。在雨剛停時，顯得特別美。

嵯峨野也是故事之道。在拜訪祇王寺與瀧口寺時最能感受到。這時，周遭的情景，由《源氏物語》轉變為《平家物語》。

祇王寺作為受到平清盛寵愛的兩名女性的悲戀的舞台，現在仍保留舊時的氣氛，彷彿隱約可聽見啜泣聲。

從這裡經過化野念佛寺，往愛宕念佛寺的途中，有兩間侘寂風情的茶店。希望各位務必嚐嚐「平野屋」的「志新粉糰」。用米粉做成的糰子，形狀像是蜿蜒的參道，糰子內裹著捏好的餡，灑上參了黑糖的黃豆粉，有肉桂、綠茶、白米三種口味。

立夏

這是夏季的門扉開啟之日。

在二十四節氣中，帶有「立」字的四個時節，總會給人們帶來特別的感覺，因為這正是季節明顯變化之時。

立夏。從繁花盛開的春季，轉變為綠葉令人耳目一新的夏季。

話雖如此，只要想到令人昏沉厭煩的炎熱夏季即將開始，心情多少會變得有些煩悶。而立夏的涼爽，稍微可以排解一下這種感覺。走在涼風吹拂的洛中巷道，可聽見從古寺傳來的蛙鳴聲。

青蛙躍古池，噗通水聲響。〔松尾芭蕉〕

這是非常有名的俳句，我看到洛南東寺瓢簞池裡的石蛙，立刻就唸出這首詩。綠意盎然的柳葉在薰風中搖曳，誠心建議各位在立夏時拜訪東寺。

說起京都的立夏，就聯想到祭典。說起祭典，就聯想到立夏。

京都的祭典原本只有葵祭，現在經常與祇園祭、時代祭相提並論，稱為京都三大祭。葵祭的歷史悠久，可上溯至《源氏物語》裡葵之卷的「車道之爭」。

五月十五日，祭禮行列從京都御所出發，沿著鴨川北上，行經下鴨神社，最後抵達上賀茂神社，彷彿回到古雅的平安時期，不疾不徐、緩緩地前進。

三天之後，宛如與葵祭對照似的，御靈神社的「御靈祭」，以威武的神輿從容前進。

這是日本最古老的御靈會，為了平息御靈之魂而舉行的祭禮。京都的夏季是從兩個祭典開始。

景致

一初之花

上御靈神社、平野神社、得淨明院，這三座寺社，我個人擅自稱其為京都「一初」三大名勝。

據說「一初」[6]是最早開花的鳶尾科植物，因此有了這個名字。在上御靈神社，分布在圍繞寺院的玉垣內南側；在平野神社，則綻放於「猿田彥社」或「東門」、「稻荷社」周圍。得淨明院平時不對外開放，只有在「一初」綻放的時節公開，這裡是長野「善光寺」的別院，在這裡也舉行「戒壇巡禮」，在黑暗的迴廊中摸索前進，祈求阿彌陀如來庇佑。

古時候，人們將一初種植在茅葺屋頂上，據說可以防風，因此英文名稱叫作Roof iris。花瓣內側有著像雞冠的白色紋路，可依此和其他的鳶尾花做區分。

藤森神社的「駈馬神事」

在這個時節，到處都在舉行流鏑馬神事，但是藤森神社有些不同。

所謂「駈馬神事」，就是邊騎馬邊寫字，或是面朝後騎馬等，是個雜耍般的祭典。

過去，早良親王受封為征討將軍時，在這個神社祈求勝利，據說出征的日子是五月五日，因此這個祭典也在同一天舉行。

由於這是個跟馬有淵源的神社，所以在繪馬上也畫著賽馬，寫著「勝馬祈願」。雖然神社的名字有個「藤」字，卻跟紫藤花沒什麼關係。這座神社裡開的花是紫陽花。在藤森神社內有兩處紫陽花苑，以美麗的紫陽花盛開聞名，而季節過了立夏之後，就是芒種。

駈馬神事

6 譯註：又稱「屋頂鳶尾」

和菓子與食材

柏餅與粽

名列五大節日之一的端午節，可說是五月最早的「午日」，自古以來，人們就視為凶日，由於當天會舉行陽剛的除魔儀式，因此成為男孩子的節日。雖然女兒節是女孩的節日，端午節是男孩的節日，但是後者不限於男孩，也是屬於所有孩子的祭典。

在端午節該吃的菓子有兩種。一種是柏餅。若要解釋為什麼要在男孩節吃柏餅，那是因為柏木冒出新芽後，老化的葉子就會凋零，跟交讓木一樣，有繼承的意思。也有說法認為餅的形狀象徵盔甲，也有些店家的餡採用味噌，像是「出町雙葉」或「笹屋昌園」等都很受歡迎。

還有一種是粽子。由於本來不是用笹竹葉而是茅葉包裹，所以稱為茅卷，據說茅葉有驅魔的作用。在京都最有名的粽子商家就是「川端道喜」，京都御苑甚至有個稱

為「道喜門」的專用門，與御所頗有淵源。

粽子有分成「水仙粽」與「羊羹粽」兩種，都不容易買到，不過至少要試著嚐一次看看。

豌豆

由於小時候要負責剝豌豆莢，加上獨特的生澀氣味，豌豆長久以來一直是我不太愛吃的食物。儘管人們說豌豆是宣告夏天來臨的豆子，兒時的我卻毫無感覺。說起長大後才開始喜歡的食物，豌豆可說是其中的代表。

滑蛋、青豆飯。豌豆在京都是初夏餐桌不可或缺的食材。除了清香的味道之外，嫩葉般的鮮綠也令人感受到夏天的來臨。

值得探訪的店家與景點

一年之中，感覺最舒適的是立夏時節。即使難以選出最具代表性的道路或場所，我還是想介紹賀茂川堤。前面提到的「葵祭」祭禮行列會經過這裡，渡過葵橋，從下鴨神社經過北大路通，向北往賀茂街道前進。我推薦依照這個路線親自走一遍。

不是沿著賀茂川堤，而是沿著賀茂街道的馬路走。道路西側設有步道，所以不會有危險。立夏時，櫻樹的綠葉交織成隧道，走在這條路上，彷彿將盎然綠意染在臉上一般，我想此景應該是京都第一吧。

在北大路橋旁的「長谷川燒烤」買洋食便當，坐在可以俯瞰賀茂川的長椅上，享用只有在京都才吃得到的美味西式餐點，也很好。

在初夏時分，希望各位千萬不要錯過洛北岩倉的門跡寺院——實相院。在擦拭得

真相院的「倒影綠葉」

透亮的地板上，倒映出一片碧綠，是相當值得一見的景觀。到了秋季時，許多人前來欣賞「倒影紅葉」，跟秋季相比，目前來觀賞「倒影綠葉」的人比較少。

如果到達岩倉，建議各位前往開業於叡山電鐵木野站附近的「松乃鰻寮」，坐在座墊上好好享用鰻魚料理。除了料理本身，置身在道地民藝建築風格的店內，在立夏也很應景。閒適的薰風吹過竹林，淡淡的風聲聽起來很舒服。

或者，洛西嵐山的鹿王院也值得一去。這裡的參道在立夏時，將形成綠色隧道。可以的話，最好在下雨的早晨前往。走在濕漉漉的石磚道，穿透葉隙間的陽光，在嫩綠樹葉上的水滴閃耀著，這樣的美景令人屏息。

這附近也有賣鰻魚的名店，那就是接近嵐山站的「廣川」。由於是受歡迎的店家，每到用餐時刻一定會大排長龍，最好避開顛峰時段。

最適合京都立夏的食物是鰻魚，我獨斷地如此決定。

小滿

在立夏過了大約兩週後，自然界開始呈現微幅的蓬勃發展。若要解釋那是什麼，應該是萬物的氣。

這個時節的朝氣帶來生長的力量，萬物開始成長。在花謝後，樹木開始枝繁葉茂，顯得綠意盎然，準備迎接盛夏的陽光。

在初夏時光，先是每天風和日麗，接下來，將轉變為天空籠罩著厚厚雲層、濕氣重的日子，稱為「入梅」。在準備插秧的這個時節，由於在秋季時播種的麥子已經結穗，多少令人放心，因此稱為小滿。同時這也是麥子收成的時節。

麥穗結實之秋，日暮西山，泛著炎熱的紅色。〔正岡子規〕

這時也會看見美麗的夕陽。接近收成期間的麥穗，沐浴在金黃色的夕陽下，閃耀著光輝。雖然在洛中看不到這景象，但只要在郊外搭乘電車，車窗外整片的麥田自然會映入眼簾。京都不只侷限於風雅的洛中。

在立夏時，幾乎每天連續舉行的祭典與儀式，到了小滿時節，由於天候不穩定，幾乎沒什麼機會看到。

過去在這個時節的六月初，鴨川開始架起納涼床，現在略有些提前，從五月就開始了。為了做生意，商家絕不會放過難得的五月晴天。

夏夜戶外乘涼，回程將作戴笠連歌吧。〔與謝蕪村〕

到了接近黃昏的時刻，納涼床店家的老闆或女主人會抬頭望著天空，為了到底能不能營業感到心煩。預約的客人同樣也期盼著西山天空的烏雲消失。只要不下雨，這個時節在川床納涼很舒服。在小滿時節，最值得推薦的就是納涼床。

景致

「皋月」

說到「皋月」二字，大家可能比較陌生，其實全名是「皋月杜鵑」。由於皋月杜鵑跟杜鵑花很相似，所以經常混淆，從春天開到初夏的是杜鵑花，杜鵑花季結束，在夏季綻放的，則是皋月杜鵑。

值得欣賞的是梅宮大社的神苑。桃紅色的花簇擁在池畔，彷彿置身在夏季的世外桃源。不遠處就是八坂神社。在稱為祇園石段下的交叉點，為「西樓門」帶來美麗妝點的，也是皋月杜鵑。

到了七月，八坂神社就是「祇園祭」的天下，而引領在前的就是皋月杜鵑。在「祇園祭」的前祭中，搭乘山鉾巡行的先驅長刀鉾，由年少的「稚兒」將四條通拉起的注連繩裁斷。決定該年度稚兒人選的時間點正是小滿。盛開的皋月杜鵑更烘托出「祇園

皋月杜鵑綻放的詩仙堂

祭」的氣氛。

若想在夏季觀賞桃紅色花朵綻放的皋月杜鵑，沒有特定的名勝，在京都這座城裡到處都可以看得到，不過，去各家著名的寺廟尋找皋月杜鵑，也是小滿時分特有的樂趣。

丈山忌

在皋月杜鵑的名勝中，最值得推薦的是位於洛北的詩仙堂。

石川丈山曾是德川家康的家臣，他為了隱居而建的這座山莊，位於洛北的山腳下，以驅散鳥獸的「添水」聞名，是座著名的庭園。在白砂遍布的院子裡，有著涓涓細流激起水聲，院內的皋月杜鵑將這些圍繞起來，令人賞心悅目。

在花開正盛的小滿時節，過了五月二十三日的「丈山忌」，從二十五日起一連三天，詩仙堂會舉行遺寶展。正好時值皋月杜鵑的花期，請大家務必找機會前往欣賞。

和菓子與食材

麩饅頭

像生麩、生湯葉這類食材，我覺得真的很有京都特色。即使在日本各地都可以吃得到麩與湯葉，但京都的製品，別有一番風味。

小滿時節，在京都品嚐生麩與生湯葉，滋味相當特別。麩多半會做成料理，但「麩饅頭」是和菓子。以現在的說法是「和甜點」。

將綠色的生麩以笹竹葉包起，令人聯想到新綠時節，裡面包裹著高雅的餡料。品嚐時，舌頭滑潤的觸感，咬起來富有彈性的嚼勁，在口中彷彿有涼風吹拂的風味。在這個時節的和菓子中，恐怕沒有比生麩更美味的吧。

做生麩的店家並不算多，我個人推薦的是「麩嘉」。獨特的口感可說是獨一無二，在錦市場裡也設有店面。

我一直以為生麩的綠是某種草的顏色，譬如艾草之類，不過據說是青海苔。儘管如此，我仍然認為它的外觀很符合介於春夏之際的和菓子。

小香魚

在這個時節拜訪京都，幾乎不可能錯過香魚，而且，可以享用的時節還不只限於小滿。

從初夏到早秋之間，如果在和食餐廳不見香魚的蹤影，大多數的京都人恐怕都會感到疑惑。

對於鹽烤初夏時節的香魚，京都人情有獨鍾。在海洋或河川裡的各類魚中，香魚是最適合這種烹調方式的魚。這麼一想，吃起來就更加美味了。

小滿時節的香魚，特徵是比較小尾，可以連魚頭一起整尾吃下，不會被魚刺刺傷。烤熟到尚未燒焦的香魚，是小滿特有的美食，滋味無可替代。

值得探訪的店家與景點

老實說，在這個時節，沒有特別值得推薦的道路或景點，京都在小滿時節似乎沒有可觀之處，既然如此，不妨欣賞「薪能」吧。

每年六月上旬，在平安神宮境內，藉著篝火之光展現於眾人前的能劇，就連平常就熟悉能言與狂言的京都人，都會以特別的心情前來觀賞，若你也想前往，最好事先確定還有沒有座位。暗夜裡，神社熊熊燃燒的篝火，映照著表演者的臉，迴響著宏亮的聲音。

為紀念建都千百年而建的這座神社，有東西南北四神加持，擔任著守護城市核心的角色，就算沒有「薪能」表演的時候，亦值得一訪。

琵琶湖水路旁的樹景、湖岸周遭的京都美食，以及京都道地的帆布商品，錯過可惜。

薪能

位於岡崎通，在京都紮根已久的洋食名店「燒烤小寶」，是這一帶極受歡迎的店家。風味濃厚的蛋包飯，既懷舊又美味。在用餐時段一定有許多人排隊，不妨錯開顛峰時刻前往。

出了三條通，從東大路通往南走，你會在西側看到一群人在排隊，那一定是「一澤帆布」。

受到這個品牌吸引的客人不計其數。包括京都當地居民、想著有朝一日要遷居京都的人、初次拜訪京都的旅客等等。許多人都受到品牌標籤的吸引。兼具實用性與優良設計的帆布包，是人們必備的京都特產。

從這裡沿著水路向西走，會抵達祇園町的南側。

京都最具代表性的景象，是舞妓走在橫跨祇園白川的巽橋上的身影。從這座橋放生鯉魚的「放生會」，也在小滿時舉行。由比叡山的大阿闍梨帶領讀經，對生靈獻上感謝，再由舞妓將小鯉魚放流到水裡的景象，極具京都風情。

芒種

米或麥等禾本科植物鱗片，前端的棘狀突起稱為芒。而芒種正是播下這些種子的時節。在天空厚重雲層的覆蓋下，農人在水田進行插秧。

說到芒種，京都這時通常已進入梅雨時期。雖然沾滿水氣濕漉漉的京都也別有風情，但大多數的人都還是會敬而遠之。

因此，京都的街道便進入了空窗期。就連平常總是人潮洶湧的京都車站，也變得閒靜下來。

雖然下雨是觀光的大敵，但若缺了水，就不足以構成京都這座城市。在芒種時節對水心存感謝、造訪與水有關的景點，也別有一番趣味。

京都是由水構成的，我一直這樣覺得。首先是飲食，京都遍布著美食，是因為有豐沛的水源，市內各地湧出名水，而且可以品嚐。

建於京都御苑東側的梨木神社，院內有「染井」湧水，與位於過去源氏六條堀川邸的「佐女牛井」，現已枯竭。以及京都御所旁的「縣井」，稱為京都三名水。

此外，還有許多現在仍汩汩湧出的名水，例如伏見御香宮神社的「御香水」；京都御苑南，寺町通旁下御靈神社的「御香水」；東山清水寺的「音羽瀑布」。每處名水的味道，都稍有不同。

如果缺少了京都的水，就無法製作豆腐。在潮濕的芒種時節，品嘗可輕鬆下嚥的滑溜豆腐，也是種愉快的享受。

我最推薦的是位於嵯峨，店面在清涼寺門前的「森嘉」嵯峨豆腐，請各位務必去品嚐這最道地的京都豆腐。還有北野的「豐受屋山本」、位於姉小路麩屋町的「平野豆腐」，都讓能顧客體會到實在的風味。

景致

沙羅雙樹之花

沙羅花捨身，不惜化作落花。〔石田波鄉〕

在洛西，妙心寺的東林院裡，有棵樹齡達三百歲的「沙羅雙樹」，正好在芒種時節會開白色的美麗花朵。

沙羅雙樹的別名是「夏椿」。早上才綻放的花，到了傍晚，五枚花瓣就毫不留戀地散落一地。妙心寺平常不對外開放，每年從六月十五日開始，持續兩週，舉辦「沙羅之花欣賞會」，這時可以破例參觀。看著花瓣散落在綠色的青苔上，這景象深深地打動人心。

東林院是這座寺院的住宿場所，以提供素食的餐廳聞名。「沙羅之花欣賞會」有

東林院的「沙羅雙樹」

附贈素食與抹茶的套餐，因此誠心建議各位趁早預約享用。

螢狩

說到令人印象深刻的美景，自然要提到螢火蟲。平安時期的貴族也對於「螢狩」樂在其中。至今在京都的水邊仍有螢火蟲飛舞。

螢火蟲與花是依照同樣的自然法則而生，無法確定在芒種時節是否一定看得到，但出現機率最高的，正是這個時節。

在哲學之道與下鴨附近的水渠、上賀茂神社的明神川，有微小的光芒優雅地飛舞著，彷彿回到平安時期的京都。

六月上旬，在下鴨神社旁的「糺之森」會舉辦「螢火的茶會」，當四周陷入一片黑暗，就會在御手洗川放出從境內收集而來的螢火蟲，恍如一片幽玄的世界。

和菓子與食材

早在平安時代，仁明天皇在位的承和年間（西元八三四—八四八年），為了遏止瘟疫的蔓延，將年號從承和改為嘉祥。

嘉祥元年（西元八四八年）六月十六日，仁明天皇依照神諭，將十六個餅與點心供在神前，祈禱民眾從瘟疫中痊癒、得以健康地生活。

從此以後，每逢六月十六日，在神明前供奉點心或餅，祈求平安無事的習俗，就流傳開來。這叫作「嘉祥菓子」，而這一天訂為「和菓子之日」。

也就是在芒種時節，不限特定的點心種類，食用任何和菓子都很應景。

竹筒水羊羹

在芒種時節最值得推薦的和菓子，首推裝在竹筒裡的水羊羹。湛綠的竹筒有著冰涼的觸感，從竹筒底部開口取出的水羊羹，帶有淡淡的綠竹香，不論外觀或味道都很清爽。

京都許多和菓子店都有販售水羊羹，但都只在特定季節推出。在此推薦「鍵善良房」的「甘露竹」、「先斗町駿河屋」的「竹露」等。

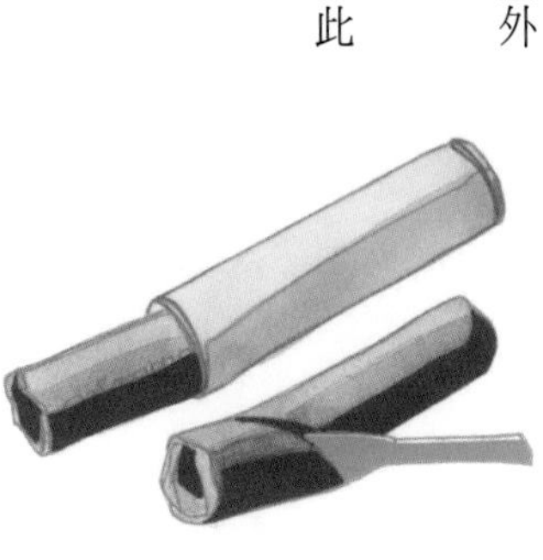

山椒粒

像京都這麼頻繁使用山椒的地方，我想應該很罕見吧。山椒粉與山椒葉一整年為餐桌增添風味，清明時節的花椒更顯珍貴。

到了芒種時節，就輪到山椒粒登場。山椒吻仔魚現在是具有代表性的京都特產。山椒強烈的香氣與辣味，可驅走梅雨季提不起勁的倦意。

值得探訪的店家與景點

京都的雨，對於旅人而言可能是種阻礙，但若知悉和雨有關的名勝，便可化阻力為助力。

在已登錄為世界遺產的二條城附近，有座名為神泉苑的寺院。雖然現在完全看不出來，不過，據說從前有座水池廣遍二條通至三條通，而且不論在什麼時期，水池裡的水都不曾枯竭。

傳說中，這座池裡有龍神居住，在天長元年（西元八二四年）乾旱時，這裡曾舉行祈雨儀式，東寺的空海與西寺的守敏僧都，兩人競賽祈雨法力。由於空海勝利，東寺鼎盛一時，西寺則因守敏的敗落，變得人煙稀少。

在神泉苑的池畔，有著罕見的祭神小祠，每年都會朝著惠方改變方向，祭祀歲神。據說這是日本唯一的歲神祠。

神泉苑

神泉苑西側有間店叫「喫茶提洛」，誠心推薦各位一定要去坐坐。雖然號稱喫茶店，但這裡的各種午餐都很美味。我建議點義大利麵或咖哩飯等單盤洋食。除了餐點種類多樣化，擺盤裝飾也很豐富。看著菜單，我總是猶豫不決。

再往御池通向西走，有家「中國饗膳粹廉」，我推薦這裡的「魚翅撈飯」。熱騰騰的魚翅料，飽滿地淋在飯上，以平易近人的價格就能享受道地的美味。

從神泉苑往南走，過了三條通，可看見武信稻荷神社。

這座神社以和坂本龍馬有關而著名。神社內聳立著高大的朴樹，上面有龍馬親手刻的「龍」字，傳說是他為了妻子楢崎龍而留下的。由於這個典故，流傳著參拜神社可以結緣，帶來夫妻感情圓滿的好運。

在貞觀時代瘟疫流行之際，神泉苑曾舉辦「御靈會」，據說是祇園祭的由來，因此在七月來臨前的這個時候拜訪神泉苑，具有獨特的意義。

夏至

儘管已進入夏季，卻少有機會看到晴空，這個時節，天空覆蓋著厚厚的雲，濕度也非常高，因此令人感到不適的指數跟著提高，不過，這也是個讓人強烈感受到侘寂的時節。

即使同屬於夏至時節，六月與七月的京都，呈現截然不同的風情。徹底改變的時間點，就是六月的晦日，與七月的朔日。

在六月即將結束的時候，京都各地的神社都會以茅輪裝飾。這是為了在晦日舉行的「夏越之祓」而準備。

夏越之祓當然不是只有京都舉行，不過，聽說源自「素戔嗚尊」與「蘇民將來」的相逢，跟可作為祇園祭象徵的粽子由來一致，因此可說是適合京都的儀式。京都主要的神社都裝飾著茅輪，善男信女根據禮儀會從中穿過。

在除去整年一半的災厄之後，祇園祭從翌日開始。從七月朔日到晦日，時期長達一個月，不僅是京都夏季的風物詩，更是不可或缺的祭典。夏至雖然只是祇園祭的序曲，在街上流傳的祇園伴奏聲也漸漸地提高音調，讓祇園附近開始形成節慶的色彩。

真葛原的風，吹拂祇園會。〔與謝蕪村〕

古時候，在圓山公園附近有葛草叢生，因此這一帶又稱為真葛原。前面提到芒種時節的「御靈會」，從神泉苑移到真葛原，是夏日京都最重要的儀式。不論夏越之祓或是祇園會，目的都是除厄。京都長久以來作為京城，也捲入過各種各樣的災厄。

景致

半夏生

從夏至過後的第十一天稱為「半夏生」，是根據七十二候之一的「半夏生」衍生的曆日。跟「節分」、「彼岸」、「土用」等相同，是二十四節氣以外的雜節。

雜節有別於二十四節氣，並不是由中國傳來，而是日本特有的曆日，因此與日本人的生活密切相關。

日本的九個雜節，幾乎都是根據農耕生活而訂，「半夏生」也是其中之一。表示要停止插秧了。據說在這個日子，有毒氣會從天而降，忌諱播種與吃蔬菜。

雖然「半夏生」是這樣的日子，但在這時節開白花的草，也稱為「半夏生」。

也有一說，由於葉片幾乎有一半染成白色，以「半化妝」[7]為由來，衍生出這個

兩足院的「半夏生之庭」

名字。

在建仁寺的兩足院裡，有稱為「半夏生之庭」的庭園，看起來就像池畔有雪堆積。等持院東邊庭院的「心字池」畔，以及勸修寺的池畔，同樣也能看到如雪景般的半夏生白葉。光是看就覺得涼爽的半夏生，是夏至必觀賞的景象之一。

紫陽花

說到夏至時節的花，少不了紫陽花。雖然在洛中四處可見，但都比不上宇治的三室戶寺，這裡可說是紫陽花的名勝。

據說古寺全域建立於奈良時代，超過五千坪的庭園內，有一萬株以上的紫陽花盛開，在雨後，有紫、藍、紅、白各種顏色的花朵綻放，美不勝收，建議各位不妨前往宇治一遊。

---

7 譯註：音同半夏生（はんげしょう）。

和菓子與食材

水無月

說起這個時節的京都和菓子，首推「水無月」。這名字經常被誤會，並不是「沒有水」，而是「水之月」的意思。這可說是舊曆與新曆混用導致的危機。

我們再回來繼續談和菓子「水無月」。在六月的晦日，品嚐表面鋪上紅豆的「外郎」，這習俗已徹底地在京都紮根。

三角形，象徵著消除暑氣的冰，表面鋪滿的紅豆，跟節分時撒豆子一樣，可以除魔。在還沒有冰箱的時代，於陽光照射不到的深山中，因應各方尊貴人士的要求，保存著冬季的冰塊，稱為「冰室」。後來以地名的形式在京都保留至今。

許多店家都販售和菓子「水無月」，所以不推薦特定的店家。我建議可以享受各種「外郎」的口味變化。

賀茂茄子

當蔬果店門口開始擺賀茂茄子，就感覺夏天近了。這也是京都人的習慣。過了立夏以後，一直到處暑，賀茂茄子持續為京都夏季的餐桌增添色彩。茄子適合用油烹調，通常會炸來吃，不過京都人習慣將茄子塗上油，做成燒烤田樂。也有割烹料理，在茄子分別塗上紅味噌與白味噌，做成源平田樂。

據說，賀茂茄子的「賀茂」，源自上賀茂的地名，不過賀茂茄子的別名是大芹川，是在鳥羽芹川附近開始栽培而得名。賀茂茄子在京都的北與南兩邊各有起源，可說是夏季京都蔬菜的代表。

值得探訪的店家與景點

根據統計，以京都為首，近畿地方的梅雨季，大約在七月二十日停止。到夏至之間，幾乎每天降雨不斷。更明確地說，梅雨末期的特徵是大雨頻仍，正好就在夏至的時候。

換句話說，若在夏至時拜訪京都，必須抱持著理所當然會下雨的覺悟。這麼一來，在夏至時可以愉快地散步的地方，只有兩種。一種是就算下雨也無所謂的拱廊街。另一種是適合撐傘的街道。而具備這兩種條件的，則是寺町通。

寺町通北起紫明通，南至五條通，正如字面上的意思，有許多寺廟聚集，是京都具有代表性的南北通道。若問是誰聚集起來的，當然是豐臣秀吉。

據說讓圍繞著洛內而建的「御土居」東側遍布寺廟，可以阻擋從東攻來的軍勢，保護首都。

梨木神社的「染井」

從北往南大約五公里。如果有兩小時的時間，可以沿途佇足細看。北部主要值得一看的景點，包括京都六地藏之一的上善寺，以額緣門知名的天寧寺、祭祀守衛京都鬼門猿猴的幸神社、以紫式部邸遺跡聞名的廬山寺、有染井的名水湧出的梨木神社。當然也可以走進京都御苑參觀。途中的名店，包括「大黑屋鎌餅本舖」、販賣醃漬物的「野呂本店」等。

從丸太町通到二條通之間是購物街。沿途有雜貨店、古書店、咖啡店等。老字號的「一保堂茶舖」也在這一帶。

過了御池通之後，南方是拱廊街，到四條通之前都不必撐傘。首先會看到本能寺。雖然這裡並不是「本能寺之變」的那個本能寺，但在西曆七月一日，夏至當天，也就是信長的忌日，還是有很多人來到此處參拜追思。除了在盂蘭盆會以敲響「送鐘」聞名的矢田寺以外，這裡幾乎沒有寺町通風格的寺院。回顧遺跡可說是意義深遠。

寺町通可說是京都最適合撐傘的街道。

小暑

雖然名為「小暑」，但「小」不「小」還是要看當年炎熱的程度，總之每年到了這個時節，天氣就是開始會變熱。烈日照耀在京都的主要街道上，宣告著梅雨的結束，但偶爾還是會大雨傾盆。縱使天候不定，祇園祭的儀式仍不受影響，逐一舉辦，可說是祭典高潮的「山鉾巡行」，在小暑與大暑時節舉行。

說到京都的小暑，最有特色的就是祇園祭。從七月一日開始，為期大約一個月。對於觀光客來說，從十日的「神輿洗」的建鉾開始，經過十六日的「宵山」，在十七日的「前祭山鉾巡行」、「神幸祭」前後，正是值得一看的時候，幾乎每天都有儀式舉行，建議各位事前先做好功課，配合安排行程。

小暑大約從七月七日開始，雖然關於「七夕」也有許多值得一提的事，不過，京都配合舊曆，大約會到八月七日前後才舉行七夕儀式，所以，請容我在後面「立秋」

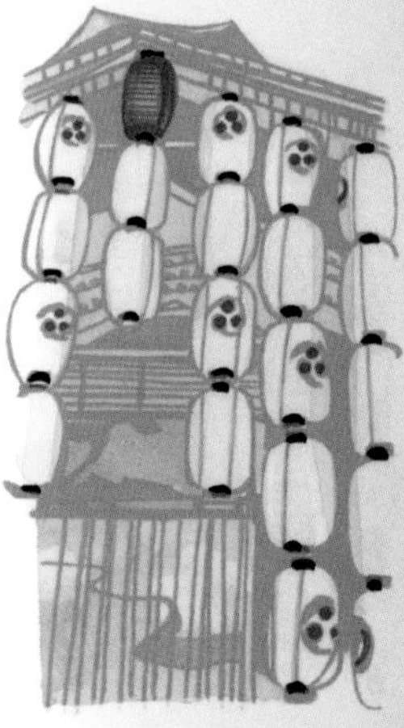

的篇幅再談。

洛中在小暑時，完全是祇園祭的天下，近郊的京都則正式準備迎接夏季。橫跨大堰川的渡月橋，往上游走，到了晚間七點半，雄雄燃燒的火燄映照在水面上。「嵐山鵜飼」從七月一日開始，一直舉行到八月底。由繩索牽引的鸕鷀，彷彿引導著船隻在水裡游，穿戴著腰簑與黑帽的鵜匠，會邊向鸕鷀發出聲音「齁——齁——」，邊敲著船。宛如收到指令一般，鸕鷀一齊潛入水中獵捕香魚的情景，蕩漾著淡淡的哀愁。

乍看有趣，實則悲哀，令人感嘆的鵜飼船。〔松尾芭蕉〕

景致

這時，身體還沒適應炎熱。前往洛北體會些許沁涼，是小暑時節特有的樂趣。

貴船正好在這時舉行「水祭」，在綠意盎然的神社裡，吹來徐徐涼風，以獻茶為開端，展開莊嚴的儀式。

在貴船川也設有床店，相對於鴨川稱為「床店」，在貴船川則稱為「床見世」，這裡多半推出會席料理。價格雖然不便宜，仍有人願意一擲千金，當作偶一為之的奢侈。

同樣位於洛北，大原區域則令人感受到郊區風情。

在小暑時，大原山腳下的田地染上一層紫色。那是紫蘇田。

不只是大原，今日具有代表性的京都醃漬物「柴漬」，起源可追溯至《平家物語》。

與建禮門院有淵源的寂光院

平家在「壇之浦之戰」敗落，安德天皇之母——平德子投海自殺，諷刺的是被源氏救起，回到京都後，她在東山的長樂寺出家，蟄居在大原的寂光院。所幸大原的人們不忍看到德子受苦，也為平家的凋零感到心痛，試圖尋找安慰她的方法，於是想到了自古以來當地流傳的醃漬物。

除了味道之外，獻上帶有紫色的醃漬物，色澤令人聯想到高雅的御所，或許能讓她重拾平家繁盛時期的驕傲吧。當地居民這麼想，雖然覺得冒昧，仍將漬物交託給侍女。

大原的鄉民也做好受到責備的心理準備，但是從建禮門院（德子）那裡卻傳來感謝的訊息。內容是——我將此命名為紫漬葉，願它永遠成為大原的名產。這是在遠離御所的洛北大原流傳的插曲。京都的底蘊不只侷限於洛中，在大原也可以感受得到。

和菓子與食材

菊露滴（龜廣永）

在祇園祭時，京都的和菓子店爭相推出季節限定的和菓子。包括以山鉾為主題的菓子，包裝紙等設計也很有祭典的風格，形式很多樣化，儘可能烘托京都三大祭之一的祇園祭。

而且，不只是為祇園祭整體，還有專門為菊水鉾這種單一山鉾製作的點心，名字叫作「菊露滴」。

這種琥珀色的寒天菓子，正因為使用了沖繩的黑砂糖、阿波的和三盆糖與丹波的寒天，所以味道清爽，咀嚼口感佳，帶有高雅的甜味。名字與菊水鉾的源由相同，與為了長壽而啜飲菊花露水的故事有關，所以命名為「菊露滴」。雖然整年都有販售，但還是在小暑時節最令人想品嚐。

鱧魚

說到夏季京都的飲食，少不了鱧魚（又名海鰻）。當然不是在京都捕獲，而是從遙遠的漁場運送而來，如果要解釋為什麼鱧魚是代表京都夏季的食材，除了具備旺盛的生命力，別無其他理由。

過去的運送速度幾乎不能與現在相比，但據說當時在瀨戶內海捕獲的鱧魚，運送到京都之後，還健康地可以咬廚師的手指。為什麼生命力這麼強？因為鱧魚能用皮膚呼吸，在魚類中相當罕見。

鱧魚在祇園祭中不可或缺，又稱為祭鱧，在祇園祭時期可賣到高價。焯燙鱧魚、鱧魚鍋、鱧魚壽司。每一種吃法都很美味，但也很貴。這是只有在祭典時期才享受得到的美味。

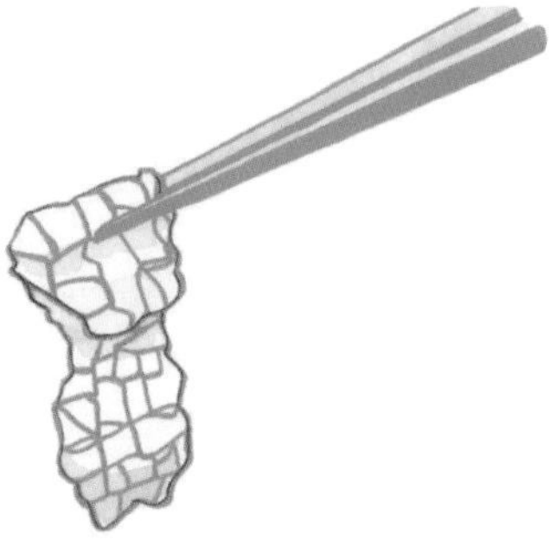

值得探訪的店家與景點

正如俗稱的冬冷夏熱之城，京都的冬天寒徹骨，夏季有熱浪襲擊。冬季的嚴寒可以穿厚重的衣物抵禦，夏季的酷熱則無處可逃。尤其近年來地球暖化，京都的各條街道變得炎熱異常。

無論京都有多適合走路，在小暑與大暑之間，最好不要毫無防備地到處走。要轉乘地下鐵或公車，盡量搭乘交通工具，直到接近目的地再下車。

小暑時節，最值得推薦的是「嵐電」旁的道路。洛內與嵐山有鐵道連結，稱為「嵐電」，廣為人知。有北野線與嵐山線兩條路線，在帷子之辻站匯流。

從京都站轉乘地下鐵烏丸線與東西線，在嵐電天神川站開始搭乘，抵達第八站就是嵐山站。路面電車悠閒地穿過市街，光是望著沿途的風景就覺得很愉快。如果直接坐到嵐山站，車程還不到十五分鐘。嵐電大約間隔十分鐘發車，因此可以不必太在意

車折神社

時刻表，隨機應變上下車。

全線的車資一律二百二十日圓，但若購買五百日圓的「嵐電一日免費票」，除了可以不限次數搭乘，沿線的觀光景點與神社等都配合提供優惠，建議大家善加利用。

先乘車，下車稍微走一小段路，再搭車。這樣可以避免中暑。從蚕之社站下車，來到木嶋神社，觀賞京都三珍鳥居之一的三柱鳥居，在「招福亭支店」享用名聞遐邇的抹茶蕎麥麵。接下來，繼續搭乘嵐電，在太秦廣隆寺站下車，參拜廣隆寺，欣賞指定為國寶第一號的彌勒菩薩像之美。下一站是車折神社站。建於車站正前方的車折神社，是後嵯峨天皇祈禱旅遊平安無事的神社。在前述立夏的部分提到的鹿王院，也有同名車站。從嵐山站下車後，走到嵯峨野也很近。在小暑時節，不妨試著來趟嵐電小旅行。

大暑

到了大暑時節，通常京都的梅雨季節已經結束，正式迎接夏季。

因為濕氣造成盆地特有的悶熱，令人吃不消。

隨著近年來「後祭」復活，祇園祭的時期延長，同時原本就在祭典中擔任主角的神輿，更是備受矚目。

在十七日的神幸祭，巡行至御旅所的三座神輿，返回八坂神社的「還幸祭」，是祇園祭受矚目的焦點。

通常大暑來臨的日子，多半正值土用的丑日。這個日子通常會令人聯想到鰻魚，在京都有蓮華寺等寺社舉行的「黃瓜封」、下鴨神社的「御手洗祭」等除厄儀式。其中「御手洗祭」是將腳浸在像冰一樣寒冷的池水中，藉以除去穢氣，許多京都人來此祈求平安健康，神社裡相當熱鬧。除了鰻魚之外，在熟悉的點心店買到的土用餅，也

是必吃的食物。

就在舉行這些儀式之際，祇園祭也即將進入尾聲。在二十八日舉行的「神輿洗式」，是將「還幸祭」結束後，三座神輿的其中之一運送到四條大橋，用榊樹枝沾鴨川的水灑下，舉行清潔的儀式。象徵著祇園祭在風雅中不失威武的一面。

從七月晦日的夜間到八月朔日，在愛宕神社舉行千日詣，這時神社給予的「火廼要慎」神符，廣為張貼在京都家家戶戶，以及餐飲店家的廚房，藉以消弭火厄。

大暑結束於八月朔日。

儘管時值大暑，藝妓與舞妓仍身穿「黑紋付」，以正式裝扮四處打招呼，「八朔」的情景可說是這個時節的祇園風物詩。

在這一天，人們以感謝的心情，獻上初次收成的作物，祈求豐收，據說是從向田圃之神祈願的「田之實」轉為「拜託」[8]的寓意。在八月朔日這天的上午，穿著黑色衣物的人們，穿梭在祇園一帶。

---

8 譯註：兩者的發音同為TANOMI。

景致

木槿

在大暑時節盛開的花，出乎意料其實還不少，在寺院與神社經常可以看到蓮花、睡蓮、紫薇、桔梗。我經常在想，為什麼就算是紅花，看在眼裡卻覺得清涼？或許是因為不負猛暑盛開的姿態，令人精神為之一振。木槿淡紫色的花，就像一帖清涼劑。

從地下鐵烏丸線鞍馬口站往西南方向走，稍微走一段路就到了西林寺，一般稱為「木槿地藏」。寺院雖小，地藏堂周圍種植著各種顏色的木槿，令人看了就忘卻炎熱。外觀與芙蓉相似的木槿花，在真如堂等處也可以看得到。

小寺墓多，木槿花環繞似矮牆。〔碧梧桐〕

走在京都街頭，這是四處可見的景象。

鴨川的烏龜跳石

說到暑假期間的兒童遊樂場，那當然是鴨川。我小時候，幾乎每天把鴨川當作游泳池。

鴨川是賀茂川與高野川匯流後的名稱，雖然大家都習慣將上游的部分稱為賀茂川，但統稱為鴨川也沒錯。

在匯流處附近，設置有巨大的烏龜跳石，在大暑時節，不只是小孩，大人也會開心地跳躍在石頭間。就算踩空了、狼狽了，還是很有趣。對於京都人而言，鴨川彷彿就像自家庭園一樣。

鴨川的烏龜跳石

和菓子與食材

珠玉織姬（松屋藤兵衛）

關於七夕，將在立秋的部分提及，但這點心必須早點介紹。

這稱為「珠玉織姬」的甜點，整年都有販售，雖然是七夕的應景食品，但若等到七夕時才想買，很容易買不到，必須及早預訂。根據新曆，最好在七夕的一個月前，舊曆的話也要在兩週前預訂。

白、紅、褐、黃、青五色的玉菓子，以寒梅粉與白蜜製成，如同「洲濱菓子」般做成小圓球形。滋味不錯，外觀也很可愛，正適合七夕。

「松屋藤兵衛」的店面就在大德寺旁。在京都有許多店家販售的點心「松風」，在這家店的商品名稱是「紫野松風」，如果看到了要儘快入手。

蕎麥

在京都，蕎麥麵的地位不如烏龍麵。麵店招牌通常也都先寫烏龍麵，後寫蕎麥麵，表示烏龍麵才是主角。但到了大暑時節，主角就要讓位給口感滑溜、容易下嚥的蕎麥麵了。

例如，京都最老字號的「本家尾張屋」的「寶來麵」，或是京都御苑附近「花桃」的「酢橘蕎麥」等，都很受歡迎。

在京都郊外，則有洛北大原、野村分岐點附近「野村山莊」的手工蕎麥麵，別具風味。這家店並不是蕎麥麵店，而是在料理中搭配蕎麥麵。

用餐前雖然必須先預約，但是的確值得特地前往拜訪。在通風採光良好、品味洗練的山莊享用蕎麥麵與軍雞，這樣的時光是在大原特有的奢侈享受。

值得探訪的店家與景點

延續著小暑的炎熱，京都到了這個時期各大道路都還籠罩於暑氣之中，所以切忌漫無目的到處走。要是想走路，最好趁上午晨光和煦的時候。

大清早去寺裡參拜如何？

最值得推薦的是東寺。在大暑時節，日出的時刻大約在五點十分左右。由於東寺在五點開門，因此能在寺院內迎接日出。四周漸漸地變得明亮，五重塔也一點點變得越來越清晰，神祕崇高的氣氛，令人自然而然地將手掌合十。

在這個時節，最有特色的是瓢簞池裡綻放的蓮花。如果想觀賞蓮花，可以從東門進入。以五重塔為背景綻放的蓮花，與這個時節很相襯。

其他可以看到蓮花的地方，還有相國寺。從南門進入後，就在左手邊。「放生池」

法然院的「白砂壇」

有烏龜仰躺著曬太陽，蓮花朝向天空生長。寬廣的寺院內已闢有車道，但是在早晚時分幾乎沒什麼車輛通過。在多座子院相鄰的寺內散步，是夏季早晨特有的樂趣。

以紅葉聞名的東福寺，也有蓮花綻放。

在指定為國寶的山門前，「思遠池」裡有白蓮花綻放，令人想起極樂淨土。在盂蘭盆會結束後的大暑時節來訪，富有深遠的意義。

如果要在晨間散步，我也推薦「哲學之道」，東山層峰遮蔽早晨的日曬，在東山三十六峰山腳下延綿的道路，比較涼爽。

從銀閣寺的參道往南走，連接著琵琶湖水路旁的散步道，這裡的斜坡上，座落著法然院。

早上六點之後，別具風情的茅葺山門開放，從這裡進入後，可以看到參道兩旁堆起白砂。這就是「白砂壇」。將砂地掃乾淨後，劃上紋路的白砂，光是欣賞就能帶來視覺上的清涼。

立秋

此時，季節應從夏天轉變為秋天，不過，新曆仍正值盛夏。即使立秋這個詞令人感到涼意，但早晨眺望東山時，耀眼的太陽依然是令人難以直視，立秋這一天，多半與舊曆七夕重疊，夏季色彩還是很濃厚。

在盂蘭盆會前舉行的「六道參拜」，也在這一天開始。

「六道之辻」位於冥界與人世之間。為了迎接從彼岸回到此岸的祖先們，六道珍皇寺會敲響「迎接之鐘」。傳說中，小野篁是從這座寺廟的井前往他界，協助閻魔大王審判。

順帶一提，據說小野篁是從嵯峨清涼寺附近的井回到人世，看來，冥界橫跨了京都的東西兩邊。

儘管京都人不喜歡排隊，「六道參拜」卻有不同的意義，在七月七日一早就出現

排隊的長龍。

七夕祭

在前面談大暑時，曾提到建在「松屋藤兵衛」附近的今宮神社，這裡有著稱為「織姬社」的攝社（小型神社），供奉教導織女紡織的織物之神。七夕祭也在此舉行。

遵照傳統的祭禮，七夕祭也在冷泉家舉行，稱為「乞巧奠」。冷泉家距離京都御所也很近，稱為「星之座」，供奉著給彥星（牛郎星）與織姬（織女星）的祭品，並向兩顆星獻上雅樂與和歌。接下來，鋪上象徵銀河的白布，由間隔在白布兩側的男女，互相致贈和歌。

古時候，平安貴族愉快地度過的七夕祭，至今仍保留過去的形式，為京都的夏季與秋季劃下分界。

景致

京都的夏季，既漫長又短暫。在祇園祭結束後，空氣裡隨即飄盪著中元的氣氛，準備進入盂蘭盆節。這個時期的京都，卸下了外出時的妝，回歸素顏。

觀察其中的變化，或許是這個季節特有的樂趣。話雖如此，京都畢竟是座觀光城市，在缺乏重要節慶的此時，還是有「京都的七夕」登場。

從二〇一〇年開始舉行的這個活動，終於漸漸成為固定的儀式，為欣賞七夕而來到京都的觀光客也增加了。以堀川會場、鴨川會場為主，共有數個會場，從八月初到中旬舉辦各種各樣的活動，以柔和的燈光照亮夏季的黃昏。

瀧石上燃燒過送火，也燃燒著迎火。〔村上鬼城〕

五山送火（如意嶽）

伴隨著迎鐘聲，以送火為祖先送行。古時候，迎火或送火，都是在各家門前焚燒，但在京都一再遭受祝融之禍後，就改以五山送火作為代表。

八月十六日的晚間八點，將東山如意嶽排成大字形的火床點火，於是浮現火紅色的大文字。接下來，妙法、船形、左大文字，以及鳥居依序點火，以圍繞著京都的五座山送火為祖先送行，惜別夏日。不顧日曆上的日期，京都的秋季，是在送火熄滅時來臨。

在送火當天很難親臨現場，但是在翌日早晨甚至可以直接站在大字的火床旁。從銀閣寺的參道向北轉入，只要走三十分鐘的山路就能抵達火床。

找到護摩木燃燒後形成的炭，用半紙包起來吊在玄關前，就能除厄。如果是小片的碎塊，可以放在錢包裡，帶來平安健康的好運。

和菓子與食材

涼菓

儘管在月曆上已是立秋，但現實生活中仍處於盛夏。在各地測量出的最高氣溫也在這個時刻。以京都過去的記錄來看，一九九四年八月八日的三九．八度是最高溫。看來秋季一時還無法降臨。

在立秋時刻，很適合享用清涼的和菓子。

「龜屋則克」的「濱土產」，是在蛤蜊殼內盛著琥珀色的寒天，其中裹著一粒味噌風味的濱納豆，看了就令人感到涼爽。味噌納豆在素食料理也會使用，特殊的風味，令人聯想到盂蘭盆會。

還有「紫野源水」的「涼一滴」，清爽微涼的口感正適合這個季節。食用後白色的瓷杯可以用來喝冷茶，或是盛冷酒，是件很好用的器皿。

以美味紅豆飯聞名的店家「鳴海餅本店」，推出的「水萬壽」，則是色彩豐富的甜點，由葛粉製成。共有鳳梨、櫻桃等七種風味，不論視覺或味覺上，都令人感到愉快。

鹿谷南瓜

外觀像是瘦骨嶙峋的葫蘆型，所以很容易跟其他的南瓜區分。據說在明治時期以前，京都最有代表性的南瓜產地在鹿谷。

隨著琵琶湖疏水道完成，鹿谷的旱田由水田代替，據說後來鹿谷南瓜改在衣笠、鷹峯栽種。

由於這種南瓜比較不甜、味道淡，或許不符合現代人的喜好；但由於不容易煮到化開，而且煮熟後形狀還是很漂亮，所以會受到料理店的廚師青睞。

在鹿谷南瓜淋上勾芡肉末也很好吃，或是炸成天婦羅，更能突顯美味。

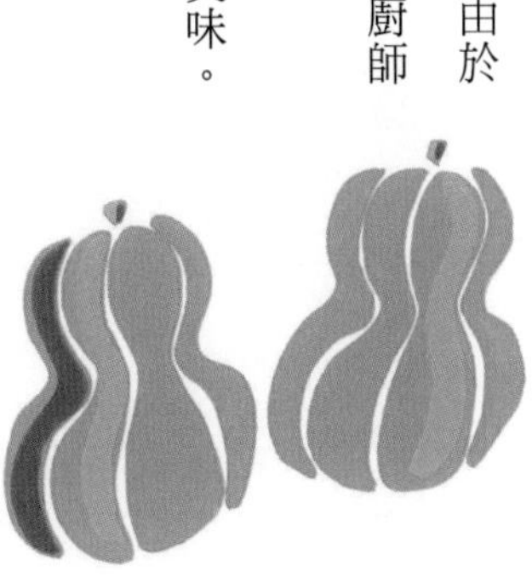

值得探訪的店家與景點

走訪松原通一帶

立秋時的京都，最重要的活動是盂蘭盆節，洛中的寺社裡有許多前來參拜的京都人，顯得非常熱鬧。走在舉行「六道參拜」的六道珍皇寺附近，路上行人如織，實在令人想不到這裡就是人世與冥界的交界。

不過，從「湊屋幽靈子育飴本舖」這家糖屋，以及保存《地獄繪圖》的西福寺，多少還是可以看出一些端倪。順帶一提，西福寺座落於「轆轤町」，這一帶過去叫作「髑髏町」。

從這座寺廟前的街道——松原通向東前進，就會抵達清水寺，從清水寺到大谷本廟之間，過去稱為「鳥邊野」，是一片墓地。在瘟疫流行時，這裡出現搬運死者的長龍，放棄繼續前進的人們，將遺體放在六道附近，最後終於化為骨骸，這就是這一帶地名

湊屋幽靈子育飴本舖

的由來。

現在看來已是過去的事。這附近有家「六波羅飯店」，與骷髏無關，是既便宜又美味的中華料理店，「咖哩拉麵」則是值得推薦的逸品。還有附近的洋食屋，也是隱藏版的名店，不過店家拒絕接受採訪，可以試著走去實地找找看。

從西福寺一隅往南走，就會看到六波羅蜜寺，誠心建議大家前往參拜。日本的教科書上有記載的、日本人都很熟悉的「空也上人立像」很值得一看，在現場會訝異原來實物這麼小。

折返松原通，往西走就會抵達宮川町。

名列京都五花街之一的宮川町，近年來鋪設石磚道，具有花街特有的風情。正好在這個時節，有機會遇到修習中的舞妓身穿簡便和服撐著陽傘，正要前往歌舞練場，或是剛好返回。

洋食的「燒烤富久屋」，以及藝妓們常去的「宮川町坂」等名店，也散布在這個區域，不論白天或晚上走在這裡，都很愉快。

處暑

「處」這個字有「收斂」的意思，換句話說，處暑就是暑氣減弱的時刻。話雖如此，八月底還是很炎熱，頂多是早晚變得比較涼爽舒適，白晝的氣溫沒什麼下降的趨勢，主要的差異在於晨昏時分。

地藏盆

在洛內，到處都有為了超渡而舉行的「地藏盆」。據說這本來是從六道悲苦中拯救眾生的「地藏菩薩供養會」，而原本的「地藏盆」則是為兒童舉辦的儀式，如今兩種儀式合併了，在各町內召開。

傳說中，地藏菩薩守護著在三途川賽之河原遊玩的孩子，不受鬼怪侵襲，因此地藏盆轉為讓孩子們悅樂的儀式。

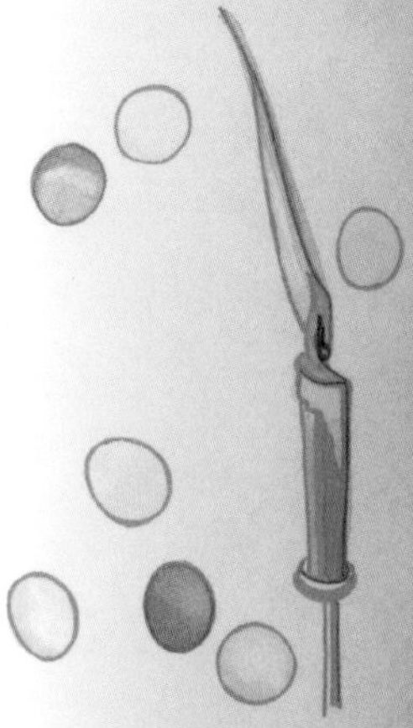

五山送火結束了，暑假也即將結束，只剩下地藏盆讓人不那麼寂寞，京都的小朋友以複雜的心情迎接這個節慶。地藏盆正值八月二十三日或二十四日，為了配合負責準備的大人們的時間，多半在地藏盆前後的週末舉行慶典。

首先，將町內祭祀的地藏尊清洗乾淨，在臉上塗上鮮豔的顏色，供奉鬼燈與菓子、鏡餅等，聚集而來的兒童們玩著抽獎等活動。掐捻大顆的佛珠，唸佛百萬遍。這個祭典也有促進附近的大人、小孩們交流的用意存在。

千燈供養

這是為化野念佛寺內超過八千座的無緣佛供奉長明燈的儀式，也是宣告夏季結束的風物詩。

化野是與鳥邊野齊名的墓地，據說從平安時代開始，有石佛坐鎮在此。這裡也是冥界與人世的交界。

景致

桔梗

風姿綽約，桔梗花開。〔小林一茶〕

看到這樣的句子，令人折服於俳人寫詩的造詣。

以「風姿綽約」來表現桔梗花開的樣子，的確是一般人模仿不來的。

萩、女郎花、葛、藤袴、薄、撫子、以及桔梗9。與春天相比，秋之七草較為難記，但其中首先想起的就是桔梗。因為桔梗在許多場合是由牽牛花取代。

正因為桔梗開的花隨著品種與地點而異，所以會被誤認為是牽牛花。

東福寺以八重桔梗聞名，天得院的桔梗從夏至到小暑間綻放，南禪寺、天授庵與晴明神社附近的桔梗，大致上會開到處暑。

桔梗綻放的廬山寺「源式之庭」

雖然人們還不至於為了欣賞桔梗花專程跑一趟，不過，如果是為了追悼紫式部，又另當別論。

廬山寺位於京都御苑附近，以節分的追儺式聞名，紫式部執筆《源氏物語》的宅邸舊址位於此，綻放於「源氏之庭」的桔梗花染成一片藍紫，在豔麗中帶有一股哀愁。令人想起日本文學中首屈一指的物語。

祇園白川

儘管白天炎熱，等到太陽西下，就需要再添加一件外衣。這時建議走在流經祇園町北側，白川旁的道路。店家的燈光映照在河面，除了藝妓撒嬌的聲音，也微微地可聽見昆蟲鳴叫聲。

秋季終於來臨，令人鬆了一口氣，卻也不免感到些許寂寥。

9 譯註：中文名依序為胡枝子、敗醬草、葛花、澤蘭、芒草、石竹、桔梗。

和菓子與食材

暑氣糾纏不清，令人厭煩，好不容易八月即將結束，時值處暑，卻又感到幾許寂莫空虛，這就是屬於京都人的矛盾。

松風

感嘆夏日離去，喝茶時，最適合搭配的點心，也只有「松風」了。

《源氏物語》的第十八帖「松風」，是以建在大堰川附近的山莊為舞台。吹過松林間的風稱為「松風」——更換裝束獨自歸返，山里似有松風吹拂——據說出自明石尼君所歌詠的和歌。

也有一說，由於和菓子「松風」的內側烤得比外側淡，所以根據謠曲《松風》的〈浦寂〉而得其名。

「龜屋陸奥」是「松風」的發源地，據說是因應信長在石山本願寺戰

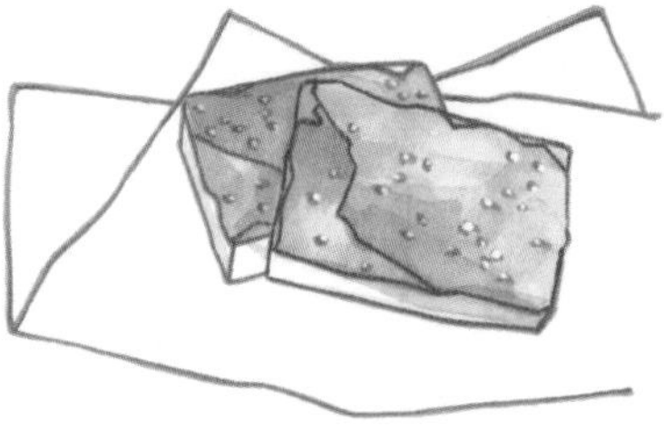

役作為儲備糧食而生，加上「松屋常盤」的「味噌松風」、「松屋藤兵衛」的「松風」，並稱為京都三大「松風」。每一種滋味都有細微差異。

甘鯛

在若狹灣捕獲馬頭魚後，將魚背切開用鹽醃，很容易保存，這種魚在京都稱為甘鯛（ぐじ GUJI）。

從若狹灣上岸之後，需要再走一段陸路才能到達京都，除了馬頭魚之外，鯖魚的運送也是走同一條路線。夏季盛產的馬頭魚，到了處暑時分，成為「最後的甘鯛」，頗受珍惜。

馬頭魚的肉質柔軟，不太容易碎裂，通常不刮魚鱗就直接烤。除了用酒蒸或做成若狹燒之外，切片做成生魚片也很美味。說到專屬於馬頭魚的特殊吃法，就是做成魚鱗煎餅，魚皮帶鱗一起烤、炸得酥脆後食用。除了在割烹可以吃得到甘鯛，居酒屋的菜單上，也會出現這道食材的蹤影。

值得探訪的店家與景點

京都御苑

夏季即將結束時，適合去哪散心？這段日子，白晝還需遮陽，因此得找樹木茂密、易尋遮蔽的路徑。京都御苑很合適，我說的不是圍繞著御所的寬闊砂石道，而是周圍群樹覆蓋，涼爽舒適的道路。

京都御苑的北邊是今出川通，南邊是丸太町通，東邊是寺町通，西邊是烏丸通，橫跨東西約七百公尺，南北達一千三百公尺的廣大範圍，在御苑內，有多處值得一看的景點。

御苑內有三處不太為人所知的神社。從下立賣御門進入御苑後往左，朝北延伸的是「出水的小川」散步道。從這裡往北，右邊可看見白雲神社的鳥居。西園寺公經在建築北山殿（即後來的金閣寺）時，也建立了妙音堂，成為這座神社的起源。

位於京都御苑內的嚴島神社

往南走會看到宗像神社。藤原冬嗣將宗像社從筑前迎至小一條殿的宅邸前，成為這座神社的由來。

還有嚴島神社。與日本三景之一，建於宮島的神社同名。平清盛先將嚴島大神迎至兵庫，後來遷座至九條家的宅邸內。

嚴島神社就像浮在庭園的九條池上，立著可列入京都三鳥居之一的「石之鳥居」。這是座以花崗岩打造的破風形鳥居，採用島木與笠木融合唐破風的形式。由於相當罕見而名列三鳥居。

了解三座相近的神社由來，想像舊時公家屋敷並排的光景，就能得知平安時代京都的樣貌。

京都御苑與鴨川相同，都是提供京都市民休憩的城市綠洲，這裡飄盪著莊嚴的氣氛，具有過去位居京城中心的榮耀。

白露

好不容易脫離暑氣，大氣降溫，野草沾上了白色的露珠。以綿布吸收菊花上的露水，就是重陽時節的「菊著綿」。

在名列五大節日之末的重陽節，京都會舉辦各種儀式，正式宣告秋季來臨。早晨從賀茂川的川原向北走，看見在陽光照射下閃耀光輝的草，就能深切感受到，漫長的夏季終於結束了。

九月九日，許多人行經賀茂川上的御園橋，前往上賀茂神社參拜。這時舉行的是「重陽的祭神儀式」。上午十點，同時供奉神饌與菊著綿，儀式就此開始。眾人注目的焦點是儀式後的「烏相撲」。手持弓箭的刀禰，登上設於細殿前的土俵，橫跳著，同時模仿烏鴉的叫聲。這個動作結束後，繫上相撲褲帶的孩子們會上前圍繞他三次。乍看之下，這儀式略顯奇特，十分趣味，其實是具有躲避災厄的意義。

同一天，以「十三參拜」聞名，位於嵐山的法輪寺，也舉行「重陽節會」，在本堂供奉著透過菊花露水獲得靈力、保佑長壽的菊慈童像。前來參拜者在菊慈童像前供奉菊花，將菊酒注入酒杯飲用，祈禱健康長壽。

關於將敬老之日制訂在白露時節的由來，眾說紛云，我想或許跟菊慈童的故事有關。

雖然每年的情形都不同，仲秋的名月[10]，大致出現在白露到秋分之間。

夜空下，滿是清澈的空氣，明月升上東山，感覺心靈也變得澄淨。無論置身於世界任何地方，看到的月亮只有一個，但地點不同，感受到的月亮面貌也有所不同，的確不可思議。

譬如賀茂川的川原。從出雲路橋附近賞月，越過東山山峰在夜空浮現的月亮，別具風情。和緩的稜線與白露時節的月亮，就像一幅畫。

10 譯註：指陰曆八月十五日，或九月十三日的月亮。

景致

胡枝子盛開的寺廟

說到白露時節綻放的花，首推胡枝子。在洛中，到處都可看見這種惹人憐愛的花。其中最有名的，就是與京都御苑比鄰的梨木神社。神社內有超過上百株的胡枝子，九月中旬舉行「萩祭」，同時舉辦俳句大會、狂言的奉納等，為胡枝子花增添風采。

位於京阪電車出町柳站旁的常林寺，別名又稱為「萩寺」，可說是胡枝子的著名景點。據說在天正元年（西元一五七三年）創建時，常林寺位於寺町通的荒神口附近。換句話說，也就是座落於梨木神社旁，萩之神社與萩之寺相鄰，究竟純屬偶然，還是分家後的結果呢？

其他可觀賞胡枝子的地方，還有真如堂與平安神宮、上賀茂神社等。胡枝子花謝

有「萩寺」之稱的常林寺

時依然美麗。紫色與白色柔弱的花瓣隨風飛舞，形成白露時節特有的景象。

秋季的放生會

在接近結實之秋的白露時節，為祈禱五穀豐穰，在洛中洛外各地舉行「放生會」。石清水八幡宮的「石清水祭」也是其中之一。放生會與葵祭、奈良的春日祭並列為三大勅祭，是有歷史的祭典。據說在九月十五日的拂曉，甚至前一天的深夜就已展開儀式，在天亮大約七點半時，由四名少年少女進行「蝴蝶之舞」。

同一天，在洛北的三宅八幡宮，也有舉行「放生祭」，安定魚鳥草木的靈魂。在茶屋提供的鳩餅也成為著名的特產。

和菓子與食材

萩餅

春季的彼岸要品嚐「牡丹餅」，到了秋季則是「萩餅」。名稱分別來自牡丹花和胡枝子。同樣的點心，隨著季節不同，名稱也跟著改變，恐怕只有注重季節感的日本人會如此吧。不過也有一說，認為這兩者的材料與製法不同，而且京都有很多人終年都同樣稱之為「萩餅」。

自己製作萩餅的家庭越來越少，購買現成的製品已趨於常態，這樣多少有些可惜，不過既然以購買代替自製，乾脆選比較好吃的店家，這也是人之常情。

最值得推薦的，是靜靜座落於烏丸五條附近的店家「今西軒」。

這裡的萩餅，共有「紅豆餡」、「豆沙餡」、「黃豆粉」三種口味。由於生意很好，有時候必須要排隊。

近年來，也有些店家販售色彩繽紛的「萩餅」，但跟京都的風格並不搭調。

京都有許多點心店是從餅店轉型而成，譬如「出町雙葉」、「鳴海餅」等，這些店家的萩餅的確美味。外觀與味道都很道地，如果供在佛壇，想必能取悅祖先在天之靈。

梨

秋季的水果正美味。在京都雖然幾乎看不到果樹園，但是有不少人家種植會結果的樹木。首先出現的是梨。隨著「幸水」、「二十世紀」等梨的品種不同，口感與風味也略有差異。

除了直接食用之外，梨也經常在料理中使用，其中具代表性的吃法，是「白拌」（拌豆腐與白芝麻）。由於豆腐跟水果很搭，所以除了梨之外，也會採用柿子、蘋果。「白拌」是偏愛豆腐的京都人喜愛的食物。

值得探訪的店家與景點

在秋季的彼岸，洛內各地平時安靜的寺院變得熱鬧起來，院內穿梭著前來掃墓的民眾，線香點燃的氣味，在寺院內外飄盪著。

除了自己祖先的墳墓，探訪名人的墳墓，也是白露時節適合在京都散步的方式。

紫式部的墓，既不在墓場，也不在寺院，而是在堀川通旁一塊小小的墓地。傳說中曾擔任閻魔大王的助手，往返於冥界與人世的小野篁，墓地就在紫式部的墓旁，說來真是不可思議。

究竟兩人的墓為什麼會並排，先暫且不管，這一帶稱為紫野，與鳥邊野、化野同為送葬之地，有墓地或許是這個原因。

曾在文章中情感豐沛地描寫京都的谷崎潤一郎，墳墓位於法然院，以「寂」、「空」

谷崎潤一郎之墓

兩塊墓石為標記。墳墓旁種植著枝垂櫻，令人想起名作《細雪》裡的場景。

號稱為織田信長之墓的地方，在日本究竟有多少？光是京都就可以列舉出本能寺、大德寺總見院、阿彌陀寺、大雲院等等，除此之外，還有好幾處。一一拜訪這些地方，找出最有可能的一處，也是一種樂趣。

你也可以拜訪號稱為「重現極樂淨土」的平等院，在白露時節，很適合遙想西方淨土。

建於淨土寺庭園中的「鳳凰堂」朝向東方，透過中堂中央開闢的圓窗，可看見巨大阿彌陀如來坐像的臉。流經鳳凰堂前的宇治川，象徵著彼岸，藉此表現西方淨土與現世。在彼岸最中間一日（秋分）的黃昏，夕陽沉入「鳳凰堂」中央的背後，也就是西方淨土，襯托著莊嚴的阿彌陀如來。

秋分

秋季的彼岸期間結束後，就要暫別已逝的祖先。接下來一直到欣賞紅葉的極盛時期，就由旅客接替前往寺院祭拜的人潮。洛中洛外，各地的寺院依序舉行秋季的特別參拜。

春季的櫻花、秋季的紅葉，最繁盛的時期，就是京都最熱鬧的時候，以寺社為首，旅宿設施、餐廳都極度擁擠，觀光勝地就更不用說了。在迫近繁忙時期的秋分，沒有特定的儀式，光是這個時節特有的勝景就不少。如果有三天連假又另當別論；不過就算在平常日，人還是不少，所以在秋分時節，適合去私房景點。

不會太熱也不會太冷，秋天是正適合步遊觀賞京都的季節。

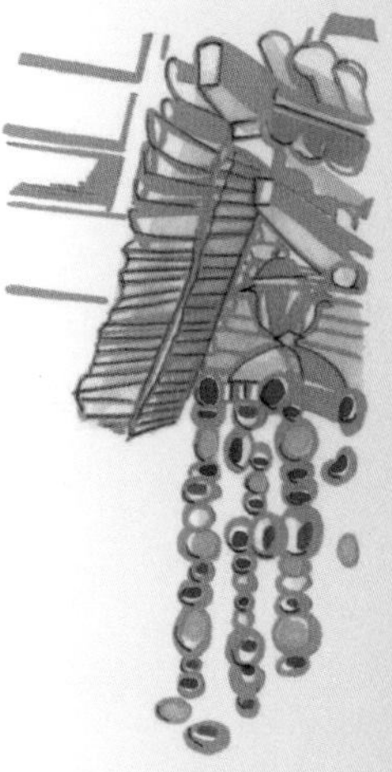

瑞饋祭

雖然前面提到這個時節沒有特別的儀式，不過恐怕得加上但書——除了十月初舉行的北野天滿宮例祭「瑞饋祭」。

說到北野天滿宮祭祀的神，當然是菅原道真，再現這位天神的靈首次降臨北野之地的情景，這樣的祭典稱之為「瑞饋祭」。

從十月朔日到四日，在西京的旅所迎接天神，以該年度收成的穀類與蔬菜、水果裝飾神輿，供奉神明，感謝五穀豐穰。可說是典型的秋祭。

朔日是「神幸祭」，四日是「還幸祭」，其間舉行各種各樣的儀式，在朔日的午後一點到四點、四日的一點到五點，可以看得到巡行隊伍。上七軒的藝妓與舞妓也站在門前迎接，是個華麗的祭典。

景致

醉芙蓉

芙蓉花經常與大暑時的「木槿」被混為一談，我跟許多人一樣，曾經把芙蓉花誤認為扶桑花，實在不容易區別。芙蓉在早上開花，到了黃昏就凋謝，只有一天的壽命。在芙蓉中，有一種叫醉芙蓉，早上是白色，到了下午就微微地泛著淡紅色，從傍晚到晚上甚至變成紅色。這樣的變化，就像喝了酒以後臉色的轉變，因此而取了這樣的名字。雖然到處都可以看得到芙蓉花，不過成群生長的卻很少見。位於洛東山科的大乘寺，正是少見的「醉芙蓉」賞花景點。

霧雨天，正適合芙蓉花綻放。〔松尾芭蕉〕

大乘寺的醉芙蓉

從地下鐵東西線的御陵站步行約十幾分鐘，就會抵達過去稱為「偏僻的荒寺」的大乘寺。由於住持努力經營，使這座寺院後來有「醉芙蓉寺」之稱。醉芙蓉花開時，這座寺院值得專程拜訪。

溫習會

祇園甲部名列京都五花街之一，藝妓與舞妓們在此展現平日練習的成果，並互相較量舞藝，稱為「溫習會」，每年十月初，會舉行將近一週的時間。

有將近八十位藝妓舞妓在「溫習會」登場，她們鑽研京舞井上流的伎藝，並且遵循傳統，不僅展現風姿，也讓人們看到藝妓、舞妓真正的樣貌。

只要稍微見識過嚴格訓練後的成果，就很容易分辨出街上哪些人是打扮成舞妓的觀光客。

和菓子與食材

栗之菓子

秋季使用栗子製作的點心，橫跨東洋與西洋，種類豐富。在京都甚至有取名為「栗屋」的和菓子店，可見推出栗菓子的店有多受歡迎。包覆整顆栗子的「金之實栗納豆」就像和風的糖漬栗子，是這家店的招牌商品。如果提到秋季限定的點心，那就是「金之實羊羹」。

只用餅包裹著餡與栗子的和菓子叫作「栗餅」，在京都以外很少見。素樸中仍能感受到結實之秋風情的「栗餅」，是京都人口中的「賣餅小屋」（OMANYAHAN）——和菓子店的秋季代表性商品（OMANYAHAN 是京都腔，直翻就是賣餅的店家；HAN 就是 SAN，先生／小姐的那個桑）。離桂離宮很近的「中村軒」栗餅就相當美味。

位於新京極通四條側入口，「林萬昌堂」的天津甘栗雖然整年都有販售，不過到了這個時節，受到糖炒栗子香味的吸引，前來購買伴手禮的客人也增加了。品嚐栗子熱騰騰的甘甜滋味，令人感受到秋季真的來了。

新米

精通廚藝的料理人曾說過，新米未必是最好的，但我總會被新米響亮的名號吸引，一不小心就吃過量。

隨著年歲增長，我漸漸地以米飯為主食，其中我最喜歡剛煮好的白飯。近年來的割烹料理，似乎流行在米中添加當令食材，一起用土鍋煮成飯，店家甚至保證客人可以拍攝烹煮前的土鍋、以及剛煮好掀開鍋蓋的畫面，不過實在令人難以贊同這樣的作法。作為一頓正餐的總結，我覺得沒有比白飯更好的食物，尤其又以新米為佳。

值得探訪的店家與景點

走訪通稱寺

千本通貫穿京都南北，在平安京時代稱為朱雀大路，是平安京的中心。現在略為偏西，表示京都過去是往東發展。

北起洛北鷹峯，南至伏見，途中毫無間斷，長長地延續著。千本通名稱的由來，是因為船岡山正對著朱雀大路，過去曾是送葬之地。

據說由於通往墓地的途中立有上千座卒塔婆，因此稱為千本通。

平安京的格局沿續至今，古寺散布其中，千本今出川附近的寺院幾乎與觀光無緣。這些寺院幾乎沒有正式名稱，只以俗稱為當地西陣的人們所熟知，從這一點更可證實。

千本釋迦堂據說是京都最古老的木造建築，「本堂」留下據說是在應仁之亂時劃過的刀痕，保留至今。由於這裡有多尊罕見的佛像，建議可以一併欣賞。

千本閻魔堂的閻魔大王

從這裡往北，座落著「拔釘地藏」。寺院的正式名稱是石像寺，供奉可以除去痛苦的拔釘地藏。人們祈禱疾病痊癒的拔釘繪馬，滿滿排列在本堂周圍，相當壯觀。

再往北來到「千本閻魔堂」，正式的名稱是引接寺。由小野篁親自雕刻閻魔大王像，建立神祠供奉，於是成立了這座寺院。按照京都的習俗，在地人在小時候就參拜過閻魔大王，立誓今生要行善。

天氣既不會太熱，也不會太冷，秋分時節，稍微走長一點的距離，也不覺得難受。從千本今出川不論往東、西、南、北走，都會有意想不到的發現，也很愉快。沒有特別的目的隨意散步，是秋分時節京都最有意思的事。

寒露

到了十月中旬，氣溫已降到比涼爽再冷一些。隨著秋意漸深，人們開始留意葉子的顏色，不過在寒露時節，樹葉還沒有開始變色。

惜別的綠葉

這是我擅自取的名字。不論在各方面，京都人重視最後的尾聲，勝過乍現的跡象，就連最後的綠葉時期也要珍惜。還有半個月，落葉木的葉子顏色就會完全改變；當然，那些繽紛的紅葉、黃葉，也一樣受到喜愛。

像永觀堂、東福寺等欣賞紅葉的著名景點，也可以試著在寒露時節造訪。從春天到夏天，持續到寒露，綠葉隨風搖曳，接受陽光照耀，遮蔽日曬，令人想再多看幾眼賞心悅目、令人心安的綠樹。樹葉最後總是像燃燒般轉為紅色，接著飄落。

秋之祭

寒露是祭典的時節。最著名的是十月二十二日舉行的「時代祭」與「鞍馬的火祭」，此外，還有栗田神社的「栗田祭」，名列京都三大奇祭之一的太秦廣隆寺「牛祭」。接下來，在今宮神社、岡崎神社、大將軍八神社、護國神社等，也將舉行秋日的例祭。這些祭典都在感謝秋季收成，祈禱來年五穀豐穰。

走在京都街道，到處都能聽見祭典樂聲，這情景只限於寒露時節。

秋季一日，祭典喧鬧。〔正岡子規〕

景致

日本紫珠的果實

日本紫珠的花朵於梅雨時節綻放，紫色而楚楚可憐的花朵並不顯眼，無法吸引人們的目光。與其相比，秋季所結的紫色果實，反而令人駐足。

前面談白露時，曾提到紫式部的墓地，在入口迎接著大家的，正是日本紫珠的紫色果實。許多小小的果實聚集成串，彷彿迷你葡萄一般，這也是秋日的豐收。

以賞櫻景點聞名的平野神社，內有超過二百株的日本紫珠，在寒露時節正適合觀賞。這座神社同時也種植白果日本紫珠，雖不是紅白對照，但紫白的美麗對比也很值得欣賞。

紫式部墓地的日本紫珠

鞍馬的火祭與時代祭

在京都，十月二十二日是個特別的日子，這一天適逢時代祭與鞍馬祭兩個重要祭典。所幸一場是在白晝，另一場是在夜間舉行，因此想要觀賞兩者，的確可以兼顧。

首先是白日的祭典。名列京都三大祭之一的時代祭，是由穿著不同時代服裝的人們排列成隊伍，從京都御所走到平安神宮的儀式。

時代祭的由來還不算久遠，不過在夜裡舉行的鞍馬火祭歷史已超過千年，是個源遠流長的祭典。

過去曾將御所祭祀的由岐明神遷移到鞍馬，祈禱守護京都的北方。將當時的行列重現，正是鞍馬祭的起源，由岐明神已守護長達千年。隊伍舉著巨大的火把，燃燒時散發火花邊向神社前進，如果近距離觀賞將深受震撼。

和菓子與食材

鎌餅

如果要比較京都眾多和菓子店，其中數一數二的店面，應該位於寺町通附近的巷子裡。店名是「大黑屋鎌餅本舗」，就在傳說中信長之墓座落的阿彌陀寺旁。

店裡的招牌點心「御鎌餅」，據說是京都七口之一「鞍馬口」附近茶店最受歡迎的茶點「鎌餅」復刻再現。這種外表樸素的點心，是在餅內包裹著黑砂糖風味的豆沙餡，特徵是口感像絲絹般柔軟。拿在手上，就會軟塌地黏在手指上。

由於鎌餅的形狀就像鐮刀，正適合祈求五穀豐穰的結實之秋。

香魚

從初夏開始的香魚季節終於要結束了。香魚也稱為年魚。在初夏時稱為小香魚，到了秋季又稱為帶子香魚。

香魚游至下游，宇治鄉里點燃篝火。〔與謝蕪村〕

跟富有彈性的小香魚相比，產卵後的香魚生命已燃燒到盡頭，滋味確實淡了許多。不過相對來說，帶有魚卵的香魚腹膨脹鼓起，魚卵帶有獨特的風味，品嚐時可享受到跟小香魚不同的美味。除了適合鹽烤，製成甘露煮也很好吃。

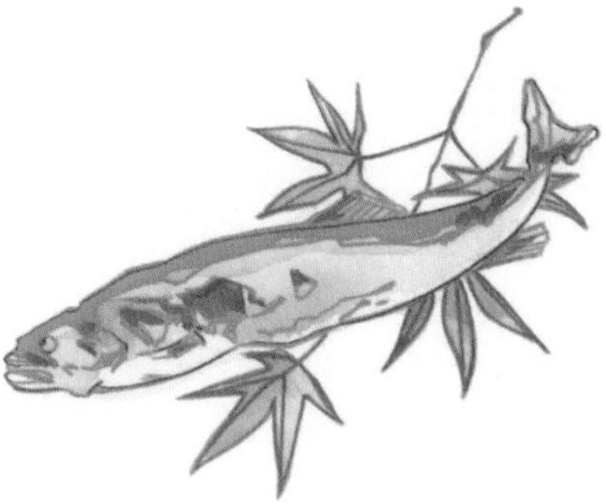

值得探訪的店家與景點

東山山腳下原野的菩薩道

這是條適合寒露時節的散步道，起點是御寺泉涌寺。

泉涌寺建於東山三十六峰之一的月輪山麓，由於跟皇室關係密切，所以有「御寺」之稱。寺名源自於寺內湧現的泉水。四條天皇的埋葬處稱為菩提所，皇室的紋章是菊花，正好「菊花展」也在寒露時節舉行。在泉涌寺的觀音堂，安置著根據楊貴妃容貌製作的「聖觀音像」，所以也可在此祈求青春永駐。

今熊野觀音寺位於泉涌寺正北方，這裡供奉著由弘法大師空海製作的「十一面觀世音菩薩」，過了「鳥居橋」進入寺內，在廣闊的寺院內建有多座伽藍，是座有許多可觀之處的佛寺。

泉涌寺是「西國三十三所觀音巡禮」的第十五所，依序步行前往第十六所清水寺、

御寺泉涌寺

第十七所六波羅蜜寺、第十八所六角頂法寺、第十九所革堂行願寺，以及京都市內的札所，這樣的巡禮正適合寒露時節。

往回走入泉湧寺道，下山即抵達泉涌寺的塔頭，即成院。

即成院本堂供奉著由惠心僧都製作的「阿彌陀如來」與「二十五菩薩」，表現極樂淨土的世界。在十月的第三個星期日，召開「二十五菩薩法會」，由扮成菩薩的人們排成隊伍緩緩步行，走在橫跨極樂淨土（本堂）與現世（地藏堂）之間，長達五十公尺的橋。隊伍走向極樂淨土的景象，既莊嚴又令人莞爾一笑。

走出泉涌寺道，來到東大路通，立刻就回到現世。在位於交差口附近的「音羽屋」嚐點「赤飯萬壽」稍作休息。如果覺得餓了，在「鐘園亭泉涌寺店」輕鬆地享用中華料理也很好。寒露時節的菩薩道，也會讓人心生溫暖。

霜降

紅葉之始

十月即將結束時，葉子開始漸漸轉紅。

所謂「秋從山臨，春自村來」，正如這句話的意思，樹葉是從洛北的山林開始變色。貴船神社附近，大約從十月底開始出現變化。到了十一月，逐漸進入觀賞紅葉的時期。從秋季結束的霜降時節到小雪，來訪京都的旅人，目的幾乎都是欣賞紅葉。與春季的櫻花相比，能夠欣賞紅葉的時期更長，而且到處都散布著知名的紅葉景點。

雖然個人喜好不同，不過，我覺得櫻花開始飄散，與紅葉正要泛紅的時候，是最美的。雖然紅葉有每年出現得越來越遲的傾向，不過大約到了霜降時節，洛北深山中寺社的紅葉已開始由綠轉紅。建議大家可先確認相關訊息再前往。

開爐

霜降時節是從秋季跨入冬季的橋樑，這時人們喜歡以火取暖。茶室的爐壇也開始啟用。茶室的開爐又稱為「茶正月」，對茶人而言，這是個如同迎接新年般重要的儀式。關於這一天不可或缺的和菓子「亥之子餅」容後再敘，不過旅人難有機會體驗這個儀式，著實可惜。

雖然多少會有日期上的差異，不過大部分的茶家，在開爐時會以茶臼磨碎初夏摘的新茶，泡一盞茶。稱為「口切」茶會。從這時到翌年四月底為止，爐壇持續開著。對於特別注重季節的茶道儀式，就算沒有修習過，也可以在旁觀摩。

景致

嵯峨菊

令人想起王朝文化的優美菊花，彷彿紅葉時節的先驅，率先開花，這種菊花的名字叫作嵯峨菊，發源地嵯峨大覺寺在十一月會舉行「嵯峨菊展」。

在京都，菊花也戴著棉帽。〔小林一茶〕

嵯峨菊是在大澤池的菊之島上自然生長的野菊，帶有王朝風範。每一盆有三株，大約有兩公尺高，頂端有三朵、中間有五朵、下段有七朵，符合「七、五、三」的規律。還有葉子，最下方是黃色，中間是綠色，上方是淡綠，以這樣的精心搭配表現四季。在霜降時節的嵯峨野，沒有比這更應景的花。

嵯峨菊

古書之寺

京都也是座大學的城市，所以古書店是不可或缺的存在。不過，或許因為新書不斷上市，古書店存在的印象，似乎逐年淡薄。

有些書，與其說是舊書，不如稱為古書更貼切，每年京都會舉辦三場市集，將古書齊聚一堂，秋季則在百萬遍知恩寺舉行。

在十月下旬舉行「古書供養」，召開「秋之古本祭」，連續數日間在遼闊的寺院內擺滿古書。

與新書不同，由人手觸摸過的書，蘊含情感，又像是難以預料的寶物。我深深地覺得京都很適合古書。

和菓子與食材

亥之子餅

在前面談爐開時已提到，霜降時節最應景的和菓子，就是亥之子餅。不只是茶人，到了十一月，一般人也會前往熟悉的和菓子店購買這種點心。尋常人家沒有爐壇，所以在亥之日會搬出暖桌。京都人習慣在開始使用暖桌的日子品嚐亥之子餅。據說過去有去除火災的涵意，不過現在已經很少聽到。

亥之子餅可追溯到平安時代。在當時，它被稱作玄豬餅，天皇享用完餅後，會將吃剩的餅賞賜給家臣，這項習慣的形式雖有些許變化，但至今仍流傳於京都之中，許多店家都有家販售亥之子餅。除了「中村軒」、「千本玉壽軒」、「川端道喜」等名店之外，庶民化的一般點心店也有販售。

松茸

從寺町三條往北走，有間稱為「西市」的店家。如果從店前經過，就能體會到季節的變化，表示這個人是道地的京都人。

西市基本上是蔬果店，只販售當季特產，店前擺出的商品會隨著季節徹底改變。春季清一色是竹筍，到了秋季當然變成松茸專賣店。從丹波產的超高級品到外國產的廉價松茸一應俱全，店內的商品都經過篩選，可以安心購買。

京都人打從骨子裡喜愛松茸，再加上霜降時節特有的海鰻鍋，可說是一年一度的奢華享受。不過，抱怨說以前明明沒那麼貴，也是京都人的常態。

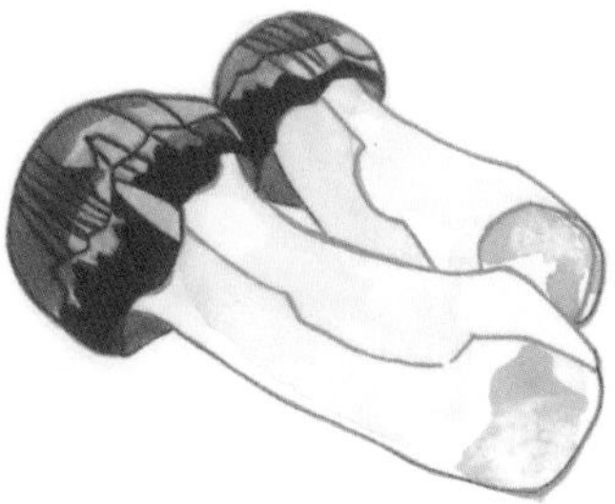

值得探訪的店家與景點

嵯峨大念佛狂言

在寒露與霜降交接之際，嵯峨野布滿紅葉，靜靜地在青空下擴展開來。建於嵯峨野入口的清涼寺，這時會舉行「嵯峨大念佛狂言」，有許多人前來參拜，非常熱鬧。

圓覺上人是融通念佛的中興之祖，為了宣揚佛法而衍生的念佛狂言，雖然名為狂言，但是跟能狂言有些不同，最大的特徵是「無言劇」。名列京都三大念佛狂言的「嵯峨大念佛狂言」，即為保留古風的無言劇。

「嵯峨大念佛狂言」固定在春季與秋季舉行，秋季公演每年在接近圓覺上人的祭日（十月二十六日）的星期日舉行，可以免費觀賞。適逢湯豆腐正美味的季節，建議公演後在寺門前的「森嘉」購買。

嵯峨野散步

櫻花與紅葉是最難以捉摸的。究竟何時綻放、何時開始變色，往往沒有一定的時期。嵯峨野的紅葉，每年大約從霜降到立冬之間開始變色，到小雪時結束。在即將變色的霜降時節，就算樹葉還是很綠，在嵯峨野散步，呼吸著澄淨的空氣，感覺也相當清爽。

在清涼寺附近的二尊院位於嵯峨嵐山交界附近，以比較早能看到紅葉而聞名。參道的石階受到楓葉覆蓋，有「紅葉的馬場」之稱，運氣好的話就有機會欣賞。就算沒有看到紅葉，在落柿舍附近也能看到秋季特有的風情，常寂光寺的「多寶塔」勾勒出的絕景，在秋季顯得特別美。

常寂光寺的「多寶塔」

立冬

火焚祭

每當立冬來臨，京都到處都可以聽見「火焚祭」的相關話題。古時候在京都御所舉行的新嘗祭，從江戶時代起在庶民間流傳開來，成為火焚祭的起源。

由於京都人特殊的口音，會把火的「HI」唸作「SHI」於是京都人習慣將火焚祭唸作「OSHITAKESAN」。在我小時候，本地一般家庭還會舉行焚火儀式，在神前獻上新米，表示感謝，焚燒護摩木，上面寫著「闔家平安」等願望。當人們呼出的氣息化為白霧，天冷時到處都可以看到這樣的景象。或許是因為跟「爆竹」一樣有引發火災的疑慮，目前「火焚」已經從家家戶戶中消失，改為委託神社舉行的儀式。

御火焚祭，霜降的京都很美。〔與謝蕪村〕

新楓

不論京都人或外來旅客，所有人都在引領期盼著紅葉。就像春季的櫻花前線，秋季的紅葉也形成如等高線般的曲線，此起彼落，如波浪般，新楓的訊息也在京都街道傳開來。

若要列舉京都的紅葉景點，恐怕數也數不清。從名勝到連京都人也不曉得的私房景點都有。由於樹葉會漸漸地染紅，所以能慢慢地欣賞。

在立冬時節的洛中，幾乎樹木才剛開始染上顏色。在高尾（高雄）、貴船、大原等郊外，正漸漸地進入適合觀賞的時節。

景致

火焚祭

火焚祭在十一月八日舉行，幾乎緊接著立冬之後。在伏見稻荷大社舉行的「火焚祭」，現在已成為代表京都全域的焚火儀式。

火焚祭在古時稱為「冬祭」，是將春季時迎接的稻荷神，在秋日收成結束後送回山林的儀式。

在本殿的祭禮結束後，從下午兩點開始，燃起數十萬根的火焚串，獻上感謝的祈禱。在太陽西沉後，從晚間六點開始，在神明前焚燒庭火，獻上名為「人長舞」的神樂舞，在神社內形成一片幽玄的世界。

祇園四處祭

祇園四處值得留戀，睡夢中枕邊傳來白川潺潺水聲。〔吉井勇〕

與在洛南伏見點燃旺盛的焚火同一天，十一月八日。位於祇園白川的巽橋畔，靜靜地舉行著一場嬌豔的祭典，名為「祇園四處祭」。這是追悼歌人吉井勇的儀式。熱愛花街祇園的吉井勇，由竹久夢二設計裝幀的《祇園歌集》出版後，受到世人注目。作為祭典名稱的「祇園四處祭」出自他的代表作，在巽橋畔立有石碑。

京都花街的變遷顯著，像吉井勇般在祇園長時間滯留的客人，現在幾乎已經沒有了，花街上都是些把藝妓、舞妓當成拍攝對象的遊客。彷彿在懷念過往，出席的藝妓與舞妓們會供上菊花。

祇園四處祭

和菓子與食材

火焚饅頭與粔籹

在「庭燎」時不可或缺的是火焚饅頭與火焚粔籹。前者在和菓子店多半會看到，而火焚粔籹則不容易入手。

我唯一所知販賣火焚粔籹的店面「北尾晴富堂」，位於東本願寺西北角附近的小巷中。古人認為用新米製成的「粔籹」具有特殊的力量，所以在「庭燎」時一定會供奉。這家店的火焚粔籹是三角形，看起來就像水無月的點心，帶有柚子淡淡的香氣，以及獨特的嚼勁。

而火焚饅頭有許多店家販售，互相競爭。

這是種以砂糖、麵粉揉成外皮，包裹餡料後蒸熟的點心。通常店家會做成紅白一對，白色是豆沙餡，紅色是紅豆餡，而且一定會烙上火燄寶珠的圖樣，希望進入冬季後，能避免火警與災厄。通常火焚饅頭不會出現在高級和菓子店，而是在一般的傳統點心店販售。

松葉蟹

到了立冬時節，當日本海著名的美味——松葉蟹解除捕撈禁令，一定會成為新聞報導。從山陰到北陸，各地漁場捕獲的松葉蟹名產，較量著何者最受歡迎。

京都與松葉蟹，乍看之下似乎毫無關係，但其實有著深厚的淵源。近來「京都海產」蔚為話題。其中的賣點之一，正是冬季的松葉蟹。最具代表性的就是「間人蟹」。

間人港位於京都府的丹後半島，在這座小港捕撈的蟹，就稱為「間人蟹」，蟹腳上綁的綠色標籤，已成為美食家期待的象徵。儘管沒有像「鯖街道」般專門運送的道路，遠從日本海迢迢送達的松葉蟹，可說是京都的寶物。

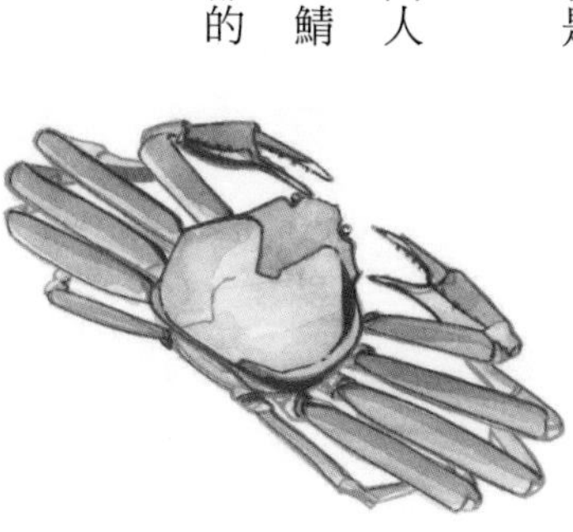

值得探訪的店家與景點

紅葉散步

這個時節，倒不是完全沒有植物開花，但畢竟還是少不了紅葉散步。

人們在這個時節造訪京都，目的通常就是賞楓，所以往往已經決定好要去的景點，才動身來到京都。身處現代，只要在網路上搜尋一下，就能知道紅葉景點及相關資訊，我想也不必在此特別介紹了。

在著名景點旁，通常伴隨著隱藏版的美景。譬如在談立夏時提到的鹿王院，就位於著名的嵐山旁，在這座寺院可以看到美麗的新綠，在紅葉時節也可以賞楓。不像天龍寺附近人潮洶湧。

從相當受歡迎的紅葉景點「鷹峯」向南，有條不為人知的賞楓散步道，從今宮神

鹿王院的紅葉

社通往大德寺、本法寺，值得推薦。尤其是建於堀川紫明附近的水火天滿宮，楓葉的景致更是可觀。這附近有幾座小型古寺，邊走邊發現也頗令人愉快。

古時候，銀杏的黃葉比紅葉更受推崇，這一帶正是賞銀杏葉的著名景點。從紫明通到堀川通之間的分隔島上，染成黃色的銀杏葉相當值得一看。

京都府立植物園也是欣賞紅葉的隱藏版景點之一。從北大路通延伸到正門之間的紅葉，在園內各處都看得到。正因為植物園內的落葉木像森林一樣擴展開來，變色後的樹葉彷彿在向人招手。

同樣值得推薦的隱藏版賞楓景點，還有京都御苑。御苑就像圍繞在京都御所之外，在西南側有楓樹可以欣賞。還有閑院宮邸跡也別錯過。位於岩倉的實相院門跡，也有著美不勝收的「倒映紅楓」，多年前我偶然看到時，覺得分外驚喜。目前知道的人還不多，所以仍是私房景點，但以後就很難說了。

小雪

不知道是不是地球暖化的緣故，我覺得京都的紅葉一年比一年晚開始。過去只要到了農曆十二月，已不見紅葉的蹤影，現在就算到了十二月中旬，還可以看到人們在戶外賞楓。

若不介意季節感的落差，其實小雪是最適合去私房景點賞楓的時節。就像櫻花有遲開的情形，紅葉也有比較晚變色的狀況。在大部分的楓葉出現褐色的紋路飄零後，有些樹的葉子正如燃燒般火紅。

以遲開的櫻花著名的洛西仁和寺，往往在進入十二月之後，才正適合欣賞紅葉。從高尾、栂尾、槙尾這三處開始，在仁和寺附近劃下句點。洛西的紅葉襯托著朝陽。從東山升起的朝陽，直曬京都的主要道路，屆於西山，也照亮了楓葉。

洛中最晚出現的紅葉，不知為何是在下鴨神社。穿過在白日依然昏暗蒼鬱的糺之

森，以朱紅色的鳥居為背景，泛紅的樹葉隨風搖曳的情景，就像隆冬中的陽光，令人感到溫暖。

想讓發冷的身體從肚子暖和起來，甜點是最適合的。在「加茂御手洗茶屋」品嚐一串接一串的糰子，連心靈也受到撫慰。我覺得「御手洗糰子」似乎也可以作為小雪時節的季語。

說到小雪時節的風物詩，還有南座劇場的「看板揭曉」。在十二月整個月份舉辦的「吉例顏見世興行」，其中的歌舞伎演員名字寫在看板上，這時會在南座的一整面牆揭曉。不過在南座的耐震工程期間，由於將「看板揭曉」的位置移到其他地方，因此整體的氣氛多少變得有些不一樣。

仰望著以勘亭流字體書寫在檜木板上的名字，感受到歲暮來臨，這已成為京都人的習慣。在牆面上看不到重要的歌舞伎演員名字，令人感到空虛寂寥。許多京都人由衷期待著工程順利結束，「吉例顏見世興行」重現的日子到來。

景致

這時在京都，徹骨的寒意才正要開始。每個人都瑟縮著身體禦寒。屬於盆地特有的寒氣，彷彿從地底吹上來，加上從山林三面圍繞颳來的風，讓京都的主要街道都變得冷颼颼。

從東面吹來比叡颪，北面降下北山颪，還有來自西面的愛宕颪。好不容易有日照從南邊投射過來，真是令人不勝感激。

煮白蘿蔔祈福

想要抵禦寒冬，溫暖的食物最理想。在小雪時，市內各寺社舉行的「煮白蘿蔔祈福」正是最應景的儀式。

鎌倉時代，茲禪上人將初冬收成的白蘿蔔切成片狀，在切口寫上梵字驅魔後，分

煮白蘿蔔祈福

給眾人，成為此項儀式的起源。

至今，寺社仍會為寫上梵字的白蘿蔔加持祈禱，並且以醬油調味烹煮。不過，作為供品的白蘿蔔，通常在煮的時候，會用鹽調味。

人們相信煮白蘿蔔有驅走疾病的功效，因此以西陣的千本釋迦堂、鳴瀧的了德寺、三寶寺為首，在洛內各寺社舉行的「煮白蘿蔔祈福」非常熱鬧。

向拔白蘿蔔的人問路，對方用手上的蘿蔔指出方向。〔小林一茶〕

在京都方言中，將白蘿蔔（日文「大根」）稱為「御大」。將剛從附近的田裡拔起的白蘿蔔，與油炸豆皮一起煮，分給附近的人。「這是剛煮好的御大（白蘿蔔），要不要來一點呢？」會在作物前加上「御」字，是因為人們經常彼此分享。

和菓子與食材

酒饅頭

為了抵禦冬季的寒冷，熱呼呼的食物最得人心。京都人最偏愛的，應該是蒸煮食物。除了料理之外，點心也一樣在蒸熱後吃。

過去位於河原町三條西南角附近，座落著販賣酒饅頭的店家，那裡總是冒著蒸氣，蒸好後立刻可以食用的情景，倒是未曾改變。以前散布在京都各地的酒饅頭店逐漸消失。一問之下，恐怕是被便利商店的肉包、豆沙包取代了，真令人感到遺憾。

不過，伏見真不愧是酒的產地，的確有和菓子店以酒饅頭作為當地特產。

「富英堂」位於京阪本線的伏見桃山站附近，是創業於明治中期的老字號和菓子店。在個頭不小的酒饅頭烙上「酒」字印，散發著微微的酒粕香，薄皮內包覆著飽滿的餡。外帶回家蒸熱後吃，會更入味。

海老芋

這是冬季京野菜中具有代表性的根莖類作物，又稱為京芋，由於形狀像蝦（日文「海老」）一樣彎曲，又有橫條般的紋路，所以稱為海老芋。

堪稱京都特產代表的「芋棒」，正是用這個「海老芋」與「棒鱈」一起烹煮而成的料理。這傳自南九州的芋頭，與來自北海道的棒鱈，就這樣在京都相遇、成了一道佳餚。京都人稱其為「相遇之物」。

趁著小雪時節，在圓山公園內的「芋棒平野家本家」品嚐「芋棒」，是京都人獨享的樂趣。

值得探訪的店家與景點

在這個時節，依然適合賞楓。此時，既沒有特別的儀式，也不適逢歲時，京都人為了準備迎向新年，正忙得不可開交，沒有多餘心思關照旅人。換句話說，這正是京都人展現真實面貌的時候。如果想認識素顏的京都，沒有比小雪更適合的時機。

小雪時節的京都，樸素到令人懷疑：這樣真的好嗎？幾乎不施加任何華麗的裝飾，以原本的樣貌度日。

譬如在祇園一帶，眼看著十二月即將來到，平常十分忙碌的藝妓與舞妓，趁著宴席表演的空檔，乾脆在熟悉的喫茶店悠閒地喝茶。

各位就算在四條烏丸的「進進堂」或宮川町的「富久屋」看到藝妓或舞妓，也不可以未經同意貿然拍照。在小雪時，好不容易可以一窺平常的生活樣貌，應該要悄悄

日向大神宮的「天岩戶」

地在一旁守護著。

師走（十二月的別名）與紅葉聽起來似乎不太搭，著名的紅葉景點，到了小雪時節，也變得人煙稀疏，甚至飄盪著一股哀愁。飄落的楓葉鋪在石階上，彷彿地毯般，構成侘寂的世界。

著名的賞楓景點，其實最適合趁著小雪時節去走走。

從建禮門院出家的長樂寺出發，參道上仍鋪著散落的楓葉。穿過圓山公園，再從知恩院走到青蓮院。經過三條通，來到蹴上。想找私房景點，就從已停運的「蹴上傾斜鐵道」走往日向大神宮。有「京都的伊勢神宮」之稱的這座神社，悄悄地佇立在東山的山麓間。即使紅葉時節已結束，只要參拜「外宮」、「內宮」、「天岩戶」，身心都會受到滌淨。

從這裡往南禪寺前進，就會來到永觀堂。在京都紅葉的極盛時期，這裡擁擠到幾乎無法轉身的地步，但到了十二月，就可以從容漫步。濃密的紅楓雖美，最後殘留的楓葉，似乎更有京都的風情。

大雪

進入師走一週後，就是大雪。不知為何，到了大雪時節就感到心急，但是京都的主要道路尚未完全被白雪覆蓋，大概只有比叡山頂有層薄薄的積雪而已。

事始

說到大雪時節的京都，最重要的還是「事始」。自古以來，京都人開始著手為即將到來的正月準備的日子，就是十二月十三日。

首先，要向過去一年間承蒙照顧的人們表示感謝，然後再為正月做準備。過去在京都的町眾（工商業者）之間廣泛舉行的儀式，現在大概只有在花街祇園可以看到。

現在，「事始」已徹底成為冬季祇園的風物詩。

穿著正式服裝的藝妓與舞妓們，拜訪京舞井上流家元的井上八千代師宅。

——恭賀新禧，來年也請多多指教——

她們獻上帶來的鏡餅，家主也回贈鼓勵的話語，遞出儀式的舞扇。

彷彿提早了些，祇園籠罩在正月的氣氛中。不過這只是暫時的，人們在此時進行掃除，到處都開始準備迎接新年。

大福梅

為了正月而準備的各種事物中，北野天滿宮的「大福梅」特別重要。元旦祝賀新年的初茶是「大福茶」，需要放入「大福梅」，這時得要準備好。

「大福茶」是模仿過去據說讓天皇病癒的「王福茶」，庶民飲用時，也祈禱著未來一年能夠平安無事。想以北野天滿宮的梅乾搭配「一保堂」的茶，就要儘早前往北野參拜。

景致

圓光寺的梅擬

座落於洛北一乘寺內的圓光寺，是著名的紅葉景點，但到了大雪時節，輪到寺內的梅擬成為焦點。這時，梅擬的葉子已落盡，枝頭上只剩下紅色的果實，更襯托出凜然的美感。如果這時運氣好又遇到下雪，更能突顯出朱紅色之美。

不過，此時從山上降臨的寒風來勢洶洶，在冬季草木凋零時，寒意更深深地沁入人心。

梅凝悄悄結實，凋零墜落雪上。〔山頭火〕

圓光寺

在紅葉時節人潮洶湧，無法看清全貌的「十牛之庭」與「奔龍庭」等名園，在大雪時節也可以好好欣賞。

走在竹林間，從位於後方的東照宮俯瞰京都街道，則是空氣澄澈的大雪時節的樂事。

最終弘法

適逢弘法大師忌日的每月二十一日稱為「弘法日」。以東寺內作為場地，召開市集。與二十五日舉辦的「天神日」互相呼應。

儘管市集每月照例舉行，但在十二月的「最終弘法」，不論擺攤的店家或來客數都遠超過平常。只剩十天就是新的一年，或許是因為這種高昂的氣氛，使「最終弘法」充滿活力。

如果買完正月的裝飾，可以吃點「殿田」的鍋燒烏龍麵取暖，暫時忘卻時間的壓力。

和菓子與食材

懷中汁粉

往昔的人們，在歲暮時經常食用。小時候放寒假，只要鑽進暖桌寫功課，祖母就會做懷中汁粉給我吃。其實連「做」都算不上，或者該說是「泡」吧。

將形狀如懷紙般的乾燥餅剝成兩半，放入碗中，注入熱水，你看，不可思議的事發生了。在一瞬間，浮著年糕的紅豆湯完成了。先人的智慧簡直超乎科學。

我想這應該比任何即沖即食的產品還早問世。清爽的甜味沁入脾胃，在有和洋交織、琳琅滿目的甜點可供選擇的飽食年代，這種簡單的滋味，更值得細細體會。

在談寒露時提到的「大黑屋鎌餅本鋪」，這家店的懷中汁粉最值得推薦。

蒸蕪菁

為了熬過寒徹骨的冬季，京都人的飲食，有三項最重要的元素。第一是蔥，第二是蒸煮食物，第三是勾芡。只要有這三樣，就覺得暖心又暖胃，能夠抵禦嚴寒。

在這三項中，蒸蕪菁就符合了兩點。將冬季京都蔬菜中具有代表性的聖護院蕪菁刨絲蒸過，然後淋上加了高湯的芡汁，是最常見的作法。

在刨絲蕪菁中加入甘鯛，會形成上等的滋味。若加入切碎的星鰻、銀杏、魚板、百合根等和茶碗蒸相同的配料，也相當美味。

滾燙的蒸蕪菁，要邊吹涼邊吃，有時在表面點綴少許山葵，相當刺鼻，忍耐著不讓眼淚奪眶而出，也是品嚐蒸蕪菁時常遇到的情形。總之，這是一種非常適合大雪時節的食物。

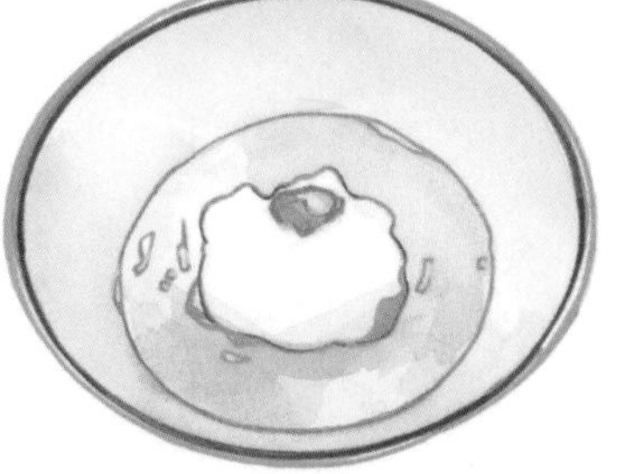

值得探訪的店家與景點

雪景

根據統計，在京都觀測到初雪的日子，以平年來說是十二月十五日。雖然節氣是大雪，但積雪量還差得很遠，大約是半夜下雪，早上醒來，地面有薄薄一層雪覆蓋的程度，到了中午，雪就徹底消失，完全不見蹤影，這個時節的京都降雪就是這樣。

京都的雪景雖然不太容易見到，如果運氣好遇到下雪，究竟該去哪裡呢？最多人知道的是金閣寺。

如果半夜裡京都的街道開始降雪，翌日早上九點開門前，脖子上掛著相機的人群已在外排隊等候。

若想眺望廣闊的雪景，請登上京都塔的瞭望台。這裡也是從早上九點開始。

不過，如果遇到氣溫高的早晨，九點時雪已開始融化。更推薦大清早前往賀茂川

安樂寺的雪景

堤，就在出雲路橋往北一點的位置。在談白露時已提到過，從這附近眺望的東山景象最美。目標是立在草地上的「距桂川匯流點一三．五公里」路標。

將視線往下移，看到的是清澈的賀茂川流過。往上眺望，山頂覆蓋著雪的比叡山，呈現正面的美景。向右看，在和緩的山峰下浮現白色的大文字。往左看，北大路橋後方聳立著覆蓋雪跡的北山群峰。與東山不同，由於北山有高峰連綿，所以北山的雪景在冬季持續可見。

或是，你也可以前往哲學之道旁的寺院。通往法然院山門前的石階沒有受到朝陽照耀，融化得比較慢。如果還有雪積在山門的茅葺屋頂，眼前的景象就像畫一樣。安樂寺也是如此，地上仍遍布紅色的楓葉，加上積雪的石階，美得令人不自覺落淚。

冬至

夏至時節的京都，感覺上夏季還沒來臨，似乎要從夏至以後才正要開始，而冬至的京都，已經進入隆冬。

還剩下不到十天，就要進入新的一年。忙碌中，很容易暫時忘了寒冷，一旦忽然想起，令人忍不住瑟縮駝背。大約從冬至時，開始徹底感受到京都的寒意。

若要說冬季有什麼特別的事，大概就是跨年吧。

冬至，京都顯得特別忙碌，京都人難得會匆忙地在穿梭在大街小巷。不過，從迎接新年的瞬間起，彷彿配合時間的流速，人們的腳步又放慢下來。

例如北野天滿宮的天神市。十二月的市集，是「年底最後一場天神市」，與其他月份不同，氣氛多少較熱絡。人們很快地完成參拜，採買為迎接新的一年所需的日用品。就算看到喜歡的古道具或盆栽等物品，為了新年的準備，也會較為克制。

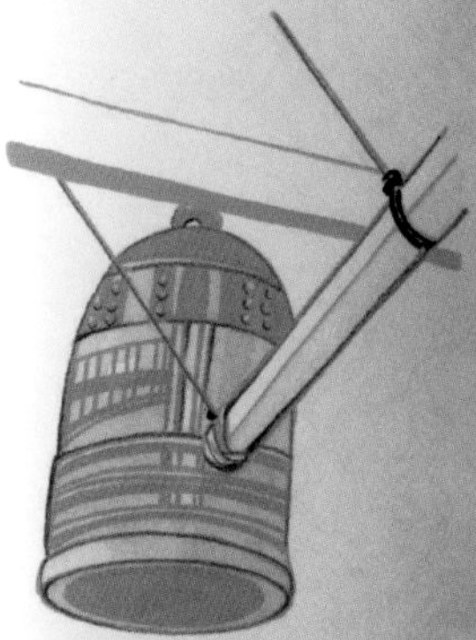

大約在二十八日時，工作告一段落，人們開始專心為正月準備。大掃除與正月的裝飾由男人負責。二十九日與「二重苦」有關，在元旦前一天布置又會犯忌諱，所以正月的裝飾只能趁二十八日或三十日。

在這段期間，婦女忙著專心準備正月料理。過去是去錦市場採買食材，耗費整晚烹調，這樣的傳統依然延續至今。

錦市場與京都一般家庭的關係並不密切，已經轉型為讓觀光客邊走邊吃的小吃街，彷彿呼應著這個現象，親手製作正月料理的家庭也大幅減少。

話雖如此，在新舊年交替之際，京都人仍習慣配合歲時行事。在吃完跨年蕎麥麵之後，前往敲響除夕鐘聲的本法寺等寺院，也不漏掉八坂神社的白朮祭，新年來臨後則是氏神的初次參拜。京都的冬至極其忙碌。

景致

南天竹的果實

這個時節，走在京都街道時，如果迷失方向，只要尋找紅色的南天竹果實就好。因為那一定位於庭院的東北方。

為了辟邪，京都有許多住家在東北角種植南天竹。據說鬼門的方位在丑寅（東北方），在這裡種植南天竹可以避開災厄。在京都這座城市，人們至今依然承襲著古老的傳說。經常與南天竹一起種植的柊樹，負責刺戳鬼的眼睛。

就算不必特地尋找，也會自然而然看到南天竹的蹤影。在著名的詩仙堂庭園裡，南天竹結出成串紅色果實的模樣，推薦各位好好欣賞。從書院眺望，庭園右隅的紅色成熟果實映入眼簾，令人暫時忘卻寒冷。詩仙堂位於京都御所的東北方。說不定這裡的南天竹，正守護著京都的鬼門呢。

藉由南天竹避開災厄

根引松

與所謂的門松相比，京都的松飾相當簡單，用附著根的小松裝飾門口，面對著門口，右邊是雄松，左邊是雌松。在松枝正中間用和紙捲起，繫上「水引」細繩結。

根引松是迎接年神、讓神明依附的象徵物，帶有紮根的意思。

它的由來是平安時代貴族的「子之日遊戲」。正月第一個「子之日」在野地摘嫩菜，以帶根的小松祈禱繁盛的儀式，改變形式後，由京都的家家戶戶與寺社傳承至今。

和菓子與食材

柚餅

這是京都具有代表性的和菓子商「鶴屋信吉」的招牌商品。這種與明治維新在同一時期誕生的點心，將和三盆糖灑在有豐富柚子香氣的求肥上，形成絕妙的搭配，加上恰到好處的大小，讓人不自覺伸手想吃。運用到柚子的和菓子雖然很多，但很少有比柚餅更美味的。加上包裝上點綴著青柚的插畫，更襯托出京菓子的風情，展現更高的價值。「柚餅」與冠上「和甜點」等封號的流行甜點形成對比。雖然平常一整年都有販售，但在冬至時刻最應景。

勾芡烏龍麵

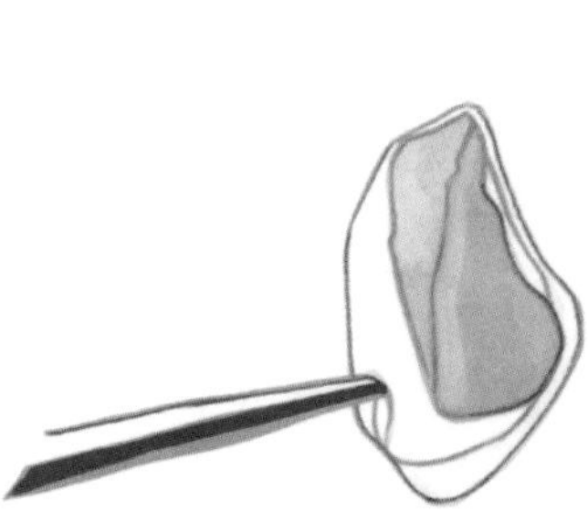

很多京都人認為跨年就該吃蕎麥麵，不過說實話，烏龍麵也不錯。若要回顧過去的一年、為新年立下期許，我想加了高湯的烏龍麵是最適合的。如果可以的話，甚至再加上勾芡，可以讓京都與烏龍麵的關聯更密切。

不過，正如目前的流行，比起有嚼勁的烏龍麵，蕎麥麵已成為主流。我也是經過一番曲折後才喜歡烏龍麵的。

在京都，主角不是麵，而是高湯醬油。因為光喝高湯醬油不會飽，所以要配些麵，因此麵條不需要太有彈性的嚼勁。能夠讓醬油充分滲入，柔軟的烏龍麵最適合。

寒冷的冬季適合勾芡。讓醬汁凝結會更容易入口。在京都吃烏龍麵是為了享用高湯醬油，麵條自始至終都是配角。

值得探訪的店家與景點

一陽來復

有句話叫作「冬至冬中冬始」。冬至當天太陽移到最南，位於北半球的日本夜晚最長、白天最短。冬至在月曆上接近冬季的中間，但說到寒冷的程度，才正開始而已。

還有一種說法，叫作「一陽來復」。當曆法中的「陰」到了極致，從冬至這一天就會轉變成「陽」。冬至也可說是從冬季轉換到春季的分水嶺。

一種說法認為這是冬季的開始，另一種說法是冬季的結束。這或許是舊曆與新曆混用的結果，但多多少少也跟現實與心情的落差有關。如果可以的話，我想將重點放在「一陽來復」。

在距離洛西、嵐山很近的車折神社，從冬至到立春會授予參拜者「一陽來復」的

下鴨神社

神符。

將附細棒的神符貼在內玄關上方，據說可以驅散陰氣，迎接陽氣。

初詣

迎接新年之後，第一件事就是初次參拜。京都可說到處遍布著適合參拜的寺社。其中最廣為人知的是伏見稻荷大社。參拜者多到幾乎只能單向通行。

我也推薦大家連續步行至兩所世界遺產參拜，從上賀茂神社走到下鴨神社。如果天氣不錯，沿著賀茂川走也很好。

若是這一年遇到厄年，可以前往位於河原町荒神口的護淨院。通稱為「清荒神」。寺方會授與「厄除開運火箸」消災。

小寒

儘管正月已過了三天，進入寒冬，但京都仍籠罩在新年的氣氛中。這也其來有自，連續經歷幾個歲時，京都的主要道路，持續瀰漫著華麗的氣氛。

芹菜、薺菜、鼠麴草、繁縷、寶蓋草、蕪菁、白蘿蔔。

京都自古以來就流傳著吃七草粥的習慣，人們從小就記得春之七草。就算是偏食不愛吃蔬菜的孩子，也喜歡吃七草粥，真是不可思議。將烤得脆脆的丸餅放進粥裡，邊想著寒假作業要怎麼寫，冒著被燙到的危險邊舀粥吃。

當七草的儀式結束後，接下來是「初惠比壽」祭典。

一月十日才是真正的「初惠比壽」，但隨著時間流轉，人們從八日的宵宵惠比壽就開始前往京都惠比壽神社參拜。

從四條大和大路往南，建於松原通附近的神社，在初惠比壽前後幾天看起來總是

特別熱鬧。

順帶一提，這座京都惠比壽神社參拜的儀式有些特別。在本殿南側的牆壁貼有木板，前來參拜的民眾要先敲敲這塊板。據說是因為惠比壽神聽不清楚，所以要這麼做，讓神明知道有人來參拜。

傳說包括這位惠比壽神在內，若在松之內[11]期間參拜七福神，這一年會獲得好運，「京都七福神巡禮」也是小寒時節重要的儀式。

其他還有松崎大黑天（大黑天）、東寺（毘沙門天）、萬福寺（布袋尊）、革堂（壽老人）、赤山禪院（福祿壽）、六波羅蜜寺（弁財天），參拜七福神必須要走遍京都南北，不過這麼做自然會有好處。

若想集中在一處參拜，推薦泉涌寺的「七福神巡禮」。

雖然只限定在成人之日，以泉涌寺山內的塔頭為首，可依順序參拜各寺院公開的福神。在象徵吉祥的繪札插上福笹，獲得一年的福分。泉涌寺以皇室的菩提寺聞名，有許多值得欣賞的地方，在小寒時節前往參拜，會是別具意義的一天。

11譯註：約從元旦到正月七日，日本的正月在這段期間以門松等物裝飾。

景致

蠟梅

蠟梅吹落，拂過薄雪庭。〔水原秋櫻子〕

在冬日草木蕭條時，蠟梅綻放著鮮豔的金黃色花朵，周遭的空氣飄散著香氣。這是梅花的一種，品種傳自中國。

正如它的英文名字「winter sweet」，蠟梅黃色的花朵散發出甜美的香氣，跟冬季似乎有些不搭調。

說到梅花，北野天滿宮的本殿西側有蠟梅綻放，正好就是在小寒時節。

接著略晚幾天，京都御苑也可以看到蠟梅黃色花朵的蹤影，地點在「近衛邸跡」。

等到春天，這一帶將輪到楚楚可憐的系櫻繁花盛開。

位於紫野的船岡溫泉

或者，前往梅宮大社。在茶室「池中亭」旁，梅林附近零星散布的蠟梅，既芬芳又令人喜愛。

澡堂

雖然京都也有溫泉，就在大原與嵐山，但出乎意料地乏人問津，或許是因為與京都的形象不符吧。

說到京都與熱水澡，自然就是澡堂了。在我小時候，每個街區至少有一間澡堂。就算家裡有浴室，大家還是會去可以自由伸展四肢的澡堂。

即使澡堂的數量目前已銳減，走在街頭，仍會看到高高的煙囪。在小寒時節泡澡，讓凍僵的身體暖和，也是一種樂趣。譬如「船岡溫泉」、「金閣寺湯」、「長者湯」等，在洛內仍有幾間可以享受泡湯樂趣的澡堂，這也是京都的魅力。

和菓子與食材

御菱葩（川端道喜）

說到小寒時節的和菓子，自然就是花瓣餅。在隱約可見淡淡桃色的餅菓子裡，裹著白味噌與牛蒡，這是源自平安時代新年的固齒儀式，經過簡略化之後的習俗。

原本是吃鹽漬香魚等堅硬的食物，祈禱健康長壽，後來由裹著牛蒡的花瓣餅取代香魚。白味噌與麻糬，可以讓年糕湯更美味。其中最早問世的是「川端道喜」的「御菱葩」。在明治初期，裏千家十一代家元將御菱葩作為初釜12的點心，從此以後，御菱葩就成為裏千家初釜必備的點心，持續到現在。

這種點心較為稀少，很難買到，但若有機會的話，至少要嚐一次看看。

鴨

自古以來，大和子民嗜吃的鴨肉，在寒冷的時期脂肪充足，到了小寒更是美味加倍。

鴨不在「禁止肉食」的範圍內，以宮中為首，貴族們長期以來也持續喜愛食用。鴨肉的滋味，確實相當高雅。

運用到鴨肉的料理種類相當多樣化。說起適合跟鴨肉搭配的食材，自然就是蔥了。甚至從「鴨蔥」這個詞彙就可看出有多匹配，光是一起烤就很美味。在這個時節，京都的居酒屋或割烹的菜單上，都會列出「烤鴨」。將徹底入味的薄切肉片沾芥末膏品嚐，美味隨即在口中擴散開來。

蕎麥屋則推出「鴨南蠻」。讓鴨肉充分吸收採用昆布釀造的高湯醬油，再搭配清爽的九條蔥，讓蕎麥麵吃起來有更豐富深厚的滋味。

12 譯註：新年舉辦的茶道茶會。

值得探訪的店家與景點

連續初始

一年之始，各式各樣的儀式，日復一日地連續舉行。若以自然現象來看，確實是如此，不過在重視界線與分界的京都，特別會為「初」慶賀，從月曆就能看出來。

以八坂庚申堂為首，猿田彥神社與尊勝院等場所舉行的是「初庚申」。與道教的庚申信仰有關的「庚申」祭祀猿猴，並舉行御札（神符）的授與及護摩供養等儀式。

初寅之日，在鞍馬寺及毘沙門堂等地舉行「初寅大祭」，分別授與「御寶札」與「除魔的寅面」。

在初甲子之日於松崎大黑天，初辰之日在貴船神社，分別舉辦大祭與祭典，向神

三十三間堂的「堂射」

明表達祝賀之詞。

在這段期間可以參考月曆，得知該去的場所。

以柳枝加持

平清盛根據後白河法皇的敕願，建造了三十三間堂，這裡在一月十五日舉辦的法會，稱為「柳枝的加持」。

據說法皇在前世，頭部曾遭柳枝刺到，所以變得容易頭痛；因此他命令以粗壯的柳木作為棟樑，建立三十三間堂，法會正是基於這個說法進行。

其中有將柳枝浸在乾淨的水中，灑水在信徒頭上的秘密儀式。後來也演變為歌舞伎的演目〈三十三間堂棟由來〉。

這座寺廟也以通稱為「堂射」的「大靶全國大會」聞名，堂裡有千座千手觀音像，圍繞著指定為國寶的千手觀音坐像，希望各位有機會一定要去欣賞。

大寒

正如字面上的意思，這是個極其寒冷的時節。

就像黎明前是最黑暗的時候，立春前也最寒冷，其中最冷的時候是節分。彷彿冬將軍在最後發威——豈能夠輕易地讓春天來臨？

從小寒過渡到大寒。這不只是文字上的描述，在這個時節，身體更能實際感受到京都的徹骨寒意。

走遍京都的大路小路，不論走到哪裡，都無法逃離這種寒冷，走在架在鴨川的橋上，自然就會明白這個事實。

從三面圍繞的山毫不寬容地吹來的寒風，在地面上打轉，腳邊有風在飛舞。再加上從鴨川水面颳來的風，形成的寒意遠比實際溫度冷。

儘管氣溫如此寒冷，前往參加二十一日的「初弘法」、二十五日的「初天神」的

京都人卻不少。民眾的正式服裝並不華麗，但場面與年底相比明顯熱鬧許多，在愉悅的氣氛中，人們錙銖必較的腳步不知不覺放慢下來。

關於弘法市與接下來四天後將舉辦的天神市，有著有趣的傳說：只要其中一方是晴天，另一方就會下雨。彷彿天帝在留意著不偏坦大師與天神任何一邊。

這兩個市集，在京都人心目中佔有重要的地位。不僅象徵著對神佛的信仰，也不只是一般的自由市集，而是代表著祖先月命日的祭典。現在也成為一種儀式，對某件事表示感謝、祈禱整個月份平安無事。

新舊年交替前後的「終」與「初」都是特別重要的節目，有著不可或缺的儀式，不過最重要的當然是節分。

原本節分指的是區分四季的日子，屬於雜節之一，當然，一年有四次節分來臨，不過一般指的是立春前日這一天，又稱為除夕。由於這個日子具有非常重要的意義，京都人對於節分儀式相當重視。

景致

節分

說起大寒時節最別具特色的，自然是節分。

便利商店推出的「惠方卷」，是一種大阪風味的壽司，正以驚人的氣勢席捲全日本，不過自古以來，京都人對於這樣的流行，總是保持著一段距離。

撒豆時，自己喊「鬼往外」的叫聲猶在耳際，福往內。〔飯田蛇笏〕

節分之日的晚餐，一定要吃鹽烤沙丁魚。首先，烤魚的煙可以隔離鬼，吃完後，用柊樹的小枝串起沙丁魚頭，讓魚腥味與利刺趕走鬼。不夠的話，還可以在夜間撒豆子驅逐鬼。這些都是自古以來在京都流傳，屬於節分的家庭儀式，京都人才不會做出

吉田神社的節分祭

吞下整條壽司捲的可笑行徑。

節分時在家門外，則有自古以來流傳的習俗「四方參拜」。

在節分當天，依序參拜吉田神社（東北）、伏見稻荷大社（東南）、壬生寺（西南）、北野天滿宮（西北）這四寺社，祈禱一整年平安無事、闔家安康。雖然現在從事「四方參拜」的人減少了，但京都人至少會前往其中一家寺社參拜。

最多人前往的是吉田神社。在節分前後共三天內，這裡舉辦節分祭，有許多民眾前來參拜，相當熱鬧。

許多小孩的目標，是漫長參道兩側的小攤，販售的商品，從傳統的雜貨店零食到時下流行的甜食都有，讓孩子們流連忘返。

大人們的目標，則是梔子色的「疫神齋」神符。只要將節分時授與的神符張貼在玄關前，就能消災解厄。

這裡也有販賣跨年蕎麥麵與黑輪的小吃攤，提供闔家用餐的場所。

在愉快的過程中完成參拜，這就是儀式能長久流傳的秘訣。

和菓子與食材

五色豆

位於三條大橋西北畔，有家名叫「本家船林」的店鋪，著名的特產是「五色豆」。正如其名，這是由五色點綴的豆菓子，純粹由豌豆與砂糖製成，是種樸素的和菓子。

據說在五百年前，禪僧為了填飽空腹，而想出了這種點心的製法，不知不覺間傳到了京都御所，經過有職菓子司製作，成為宮中御用的上菓子。後來千利休在茶席選用五色豆，使得這種點心躋身為京都名產。

綠色是抹茶，黃色是柚子，褐色是楠樹皮，紅色是梅花，白色是白糖；運用了這些素材而形成繽紛的顏色。相對於近來過於講究的和甜點，以及盲從潮流的傾向，我更想推薦這種單純的和菓子。

蒸壽司

到了大寒時節，自然而然會有特別想吃的食物，那就是蒸熟後的壽司，名字也叫作「蒸壽司」。

對於還不太了解的讀者而言，溫熱的壽司或許有些難以想像吧。不過那是京都人在隆冬中的食物，若在進入寒冬後沒吃到一兩次，會覺得好像不太對勁，就是如此熟悉的食物。

通常，京都的壽司店，到了冬季就會把蒸壽司列在菜單上，不過我最推薦的是從寺町二條往北的「末廣」。由於以前老家就在這家店附近，所以從我還在幼兒園時，就養成了寒冬要吃「末廣」蒸壽司的習慣。

在混入豐富的切碎星鰻的醋飯上，覆蓋著蛋絲、蝦、烏賊等配料，放入蒸籠蒸熟。趁著彷彿會燙傷的熱度吃，大寒也將受到驅散。

值得探訪的店家與景點

壬生寺

壬生寺是間獨特的寺院。正曆二年（西元九九一年）由快賢僧都建立，當時寺名為「小三井寺」，據說曾經繁盛一時，後來就消失了。此後由平政平再建，並因為圓覺上人創始的「壬生大念佛狂言」，躍為受到矚目的寺院。

以肢體動作表現佛祖教誨的無言劇，歷經七百年流傳至今，以節分為首，包括春、秋季的固定公開演出在內，一年共上演十二天。

跟狂言不同，無言劇搭配鉦與太鼓、以笛子吹奏的神樂，所有演出者都戴上面具，沒有一句台詞，像這樣無言的演出，稱為壬生狂言。由於樂器的聲音，京都人習慣暱稱為「壬生的戡叮叮」。

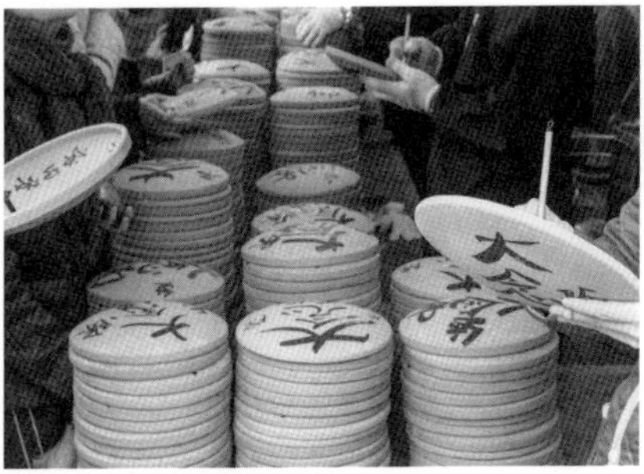

壬生寺除厄的炮烙

在當時的節分會舉行「火伏的行法」與壬生狂言「節分」，參拜者會貢奉除厄的炮烙（沒上釉的淺土鍋）。狂言表演者會陸續將土鍋從舞台上推落，稱為「炮烙割」，象徵除厄，帶來好運。

以節分、狂言聞名的壬生寺，一躍成為大眾知曉的存在，是因為「新選組」。幕府末期誕生於壬生的「新選組」，以壬生寺作為訓練的場所。

在當時「壬生屯所」遺址開店的「京都鶴屋　鶴壽庵」，名產是「屯所餅」。將當地栽培，著名京野菜之一的壬生菜切碎，跟紅豆餡一起包在餅中，這種點心風味極佳，適合作為大寒時節的京都伴手禮。

附近就是武信稻荷神社，傳說中坂本龍馬與妻子阿龍曾在此相會。這一帶留下的史蹟，見證了幕末的動盪時局，從中可一窺近代日本的黎明期。在季節變遷時，正適合作為散步的路線。

■「二十四節氣」的日期一覽表

「二十四節氣」隨著年度不同，會有一天的差異。在左表中，列出所有節氣在各年（二〇一九年～二〇二六年）開始的日期。

二十四節氣＼西曆（年）	2019	2020	2021	2022	2023	2024	2025	2026
小寒（しょうかん）	1月6日	1月6日	1月5日	1月5日	1月6日	1月6日	1月5日	1月5日
大寒（だいかん）	1月20日	1月20日	1月20日	1月20日	1月20日	1月20日	1月20日	1月20日
立春（りっしゅん）	2月4日	2月4日	2月4日	2月4日	2月4日	2月4日	2月3日	2月4日
雨水（うすい）	2月19日	2月19日	2月18日	2月19日	2月19日	2月19日	2月18日	2月19日
啓蟄（けいちつ）	3月6日	3月5日	3月5日	3月5日	3月6日	3月5日	3月5日	3月5日
春分（しゅんぶん）	3月21日	3月20日	3月20日	3月21日	3月21日	3月20日	3月20日	3月20日
清明（せいめい）	4月5日	4月4日	4月4日	4月5日	4月5日	4月4日	4月4日	4月5日
穀雨（こくう）	4月20日	4月19日	4月20日	4月20日	4月20日	4月19日	4月20日	4月20日
立夏（りっか）	5月6日	5月5日	5月5日	5月5日	5月6日	5月5日	5月5日	5月5日
小満（しょうまん）	5月21日	5月20日	5月21日	5月21日	5月21日	5月20日	5月21日	5月21日
芒種（ぼうしゅ）	6月6日	6月5日	6月5日	6月6日	6月6日	6月5日	6月5日	6月6日

夏至	小暑	大暑	立秋	処暑	白露	秋分	寒露	霜降	立冬	小雪	大雪	冬至
6月22日	7月7日	7月23日	8月8日	8月23日	9月8日	9月23日	10月8日	10月24日	11月8日	11月22日	12月7日	12月22日
6月21日	7月7日	7月22日	8月7日	8月23日	9月7日	9月22日	10月8日	10月23日	11月7日	11月22日	12月7日	12月21日
6月21日	7月7日	7月22日	8月7日	8月23日	9月7日	9月23日	10月8日	10月23日	11月7日	11月22日	12月7日	12月22日
6月21日	7月7日	7月23日	8月7日	8月23日	9月8日	9月23日	10月8日	10月23日	11月7日	11月22日	12月7日	12月22日
6月21日	7月7日	7月23日	8月8日	8月23日	9月8日	9月23日	10月8日	10月24日	11月8日	11月22日	12月7日	12月22日
6月21日	7月6日	7月22日	8月7日	8月22日	9月7日	9月22日	10月8日	10月23日	11月7日	11月22日	12月7日	12月21日
6月21日	7月7日	7月22日	8月7日	8月23日	9月7日	9月23日	10月8日	10月23日	11月7日	11月22日	12月7日	12月22日
6月21日	7月7日	7月23日	8月7日	8月23日	9月7日	9月23日	10月8日	10月23日	11月7日	11月22日	12月7日	12月22日

附錄　地圖與內文介紹景點

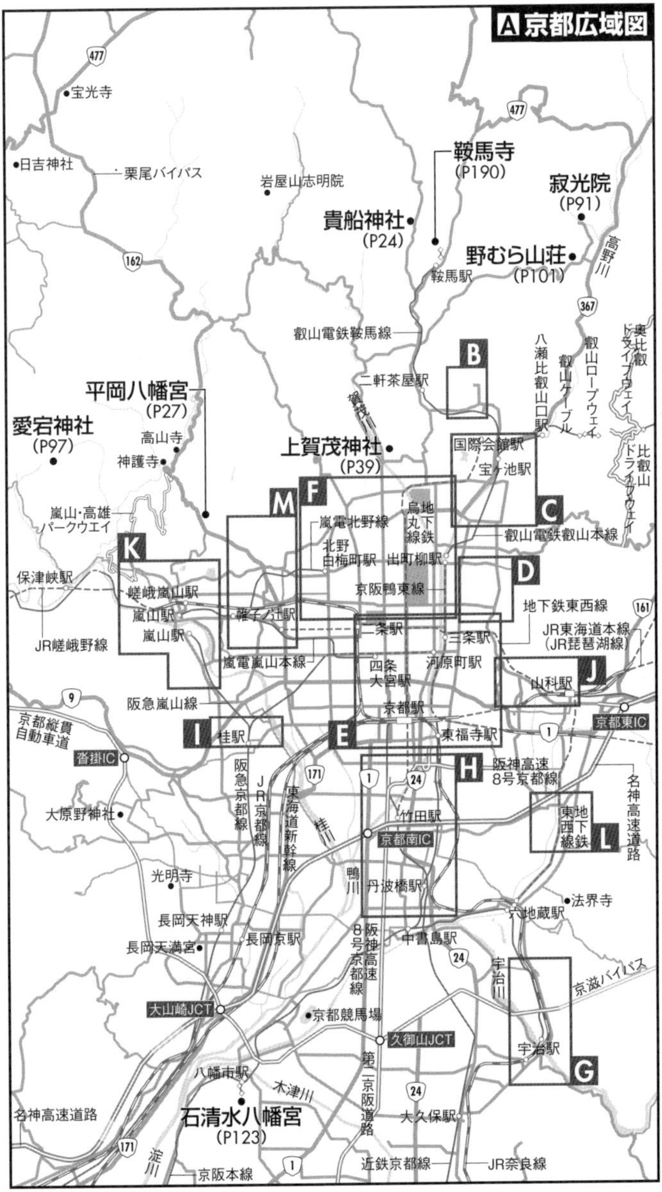

C 修学院
三宅八幡宮
(P123)
八幡前駅
叡山電鉄鞍馬線
367
国際会館駅
蓮華寺
(P96)
国立京都国際会館
宝ケ池
宝ヶ池駅
三宅八幡駅
赤山禅院
(P185)
松ヶ崎大黒天
(P185)
松ヶ崎駅
叡山電鉄本線
叡山電鉄
修学院離宮
北山通り
地下鉄烏丸線
修学院駅
曼殊院門跡
圓光寺
(P170)
詩仙堂
(P67)
白川通
一乗寺駅
N
1km

B 岩倉
N
300m
北山病院
実相院
(P63)
洛陽病院
105
岩倉図書館
山住神社
松野鰻寮
(P63)
ローソン
106
叡山電鉄鞍馬線
木野駅
岩倉駅

D 哲学の道
200m
N
知恩寺
(P35)
百万遍
東今出川通
白川通今出川
京都大学
吉田山公園
銀閣寺
(P103)
白沙村荘
(橋本関雪記念館)
吉田神社
(P195)
神楽岡通
東一条通
白川通
白川
法然院
(P103)
東大路通
東北院
(P19)
宗忠神社
迎称寺
近衛通
真正極楽寺(真如堂)
(P27)
安楽寺
(P175)
哲学の道
吉田東通
霊鑑寺
鹿ケ谷通
聖護院門跡
金戒光明寺
大豊神社
岡崎神社
(P137)
丸太町通
天王町
熊野若王子神社
グリル小宝
(P71)
岡崎中学校
平安神宮
(P70)
満願寺
永観堂
(P136)
岡崎公園
二条通
京都市美術館
京都国立近代美術館
琵琶湖疏水
南禅寺(P115)

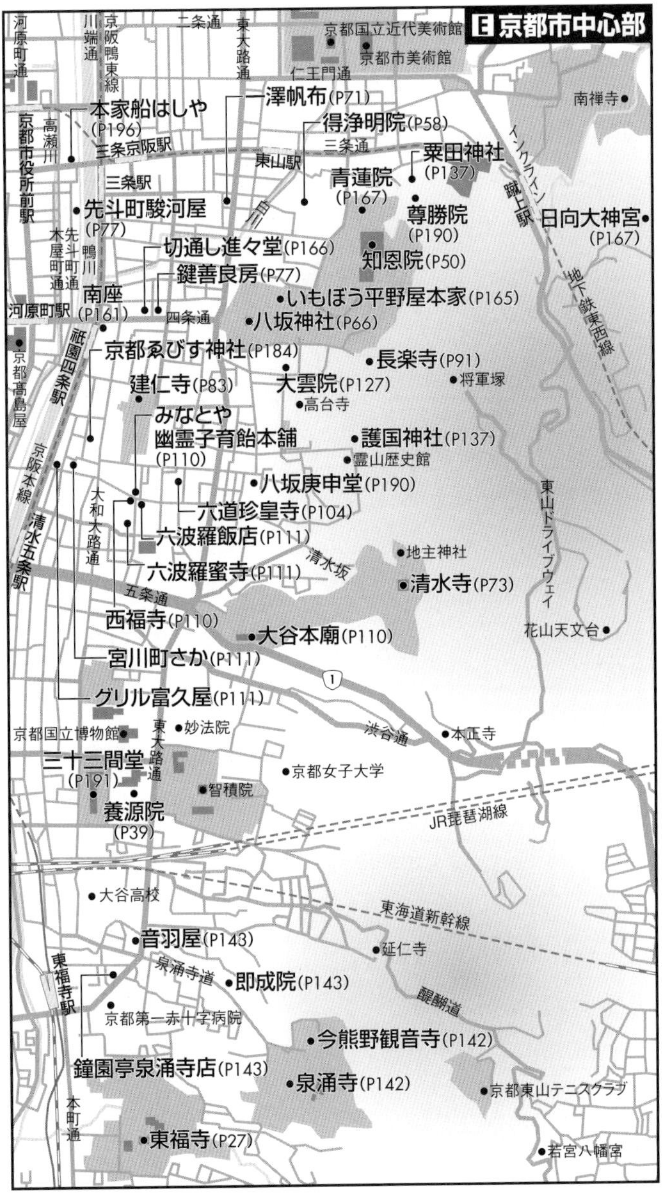
E 京都市中心部
本家船はしや(P196)
一澤帆布(P71)
得浄明院(P58)
粟田神社(P137)
青蓮院(P167)
尊勝院(P190)
日向大神宮(P167)
先斗町駿河屋(P77)
切通し進々堂(P166)
知恩院(P50)
鍵善良房(P77)
いもぼう平野屋本家(P165)
南座(P161)
八坂神社(P66)
京都ゑびす神社(P184)
長楽寺(P91)
建仁寺(P83)
大雲院(P127)
みなとや幽霊子育飴本舗(P110)
護国神社(P137)
八坂庚申堂(P190)
六道珍皇寺(P104)
六波羅飯店(P111)
六波羅蜜寺(P111)
清水寺(P73)
西福寺(P110)
大谷本廟(P110)
宮川町さか(P111)
グリル富久屋(P111)
三十三間堂(P191)
養源院(P39)
音羽屋(P143)
即成院(P143)
今熊野観音寺(P142)
鐘園亭泉涌寺店(P143)
泉涌寺(P142)
東福寺(P27)
河原町通
川端通
京阪鴨東線
二条通
東大路通
京都国立近代美術館
京都市美術館
仁王門通
南禅寺
京都市役所前駅
高瀬川
三条京阪駅
三条通
東山駅
三条駅
白川
インクライン
蹴上駅
木屋町通
先斗町通
鴨川
地下鉄東西線
河原町駅
四条通
祇園四条駅
京都高島屋
将軍塚
高台寺
霊山歴史館
京阪本線
大和大路通
東山ドライブウェイ
地主神社
清水坂
清水五条駅
五条通
花山天文台
1
渋谷通
本正寺
京都国立博物館
東大路通
妙法院
京都女子大学
智積院
JR琵琶湖線
大谷高校
東海道新幹線
延仁寺
泉涌寺道
東福寺駅
醍醐道
京都第一赤十字病院
京都東山テニスクラブ
本町通
若宮八幡宮

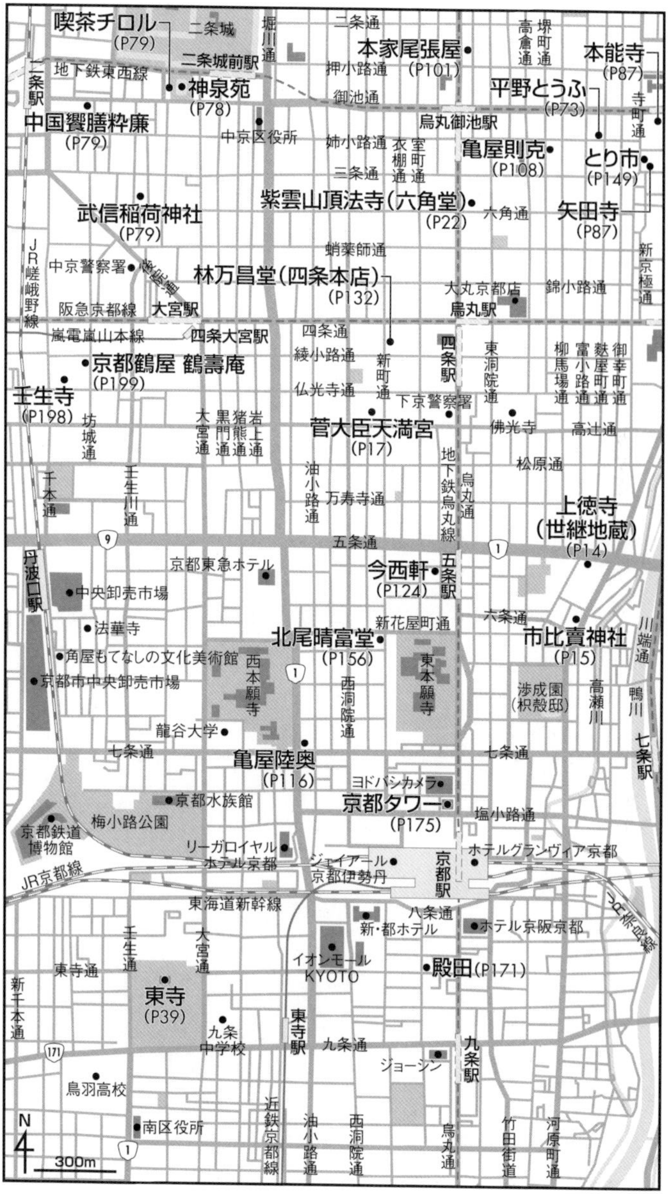
喫茶チロル
(P79)
二条城
堀川通
二条通
高倉通
堺町通
本能寺
(P87)
二条駅
地下鉄東西線
二条城前駅
神泉苑
(P78)
本家尾張屋
(P101)
押小路通
平野とうふ
(P73)
寺町通
御池通
中国饗膳粋廉
(P79)
中京区役所
烏丸御池駅
姉小路通
衣棚通
室町通
亀屋則克
(P108)
とり市
(P149)
三条通
武信稲荷神社
(P79)
紫雲山頂法寺(六角堂)
(P22)
六角通
矢田寺
(P87)
JR嵯峨野線
蛸薬師通
新京極通
中京警察署
後院通
林万昌堂(四条本店)
(P132)
大丸京都店
錦小路通
阪急京都線
大宮駅
烏丸駅
嵐電嵐山本線
四条大宮駅
四条通
四条駅
東洞院通
柳馬場通
富小路通
麩屋町通
御幸町通
京都鶴屋 鶴壽庵
(P199)
綾小路通
新町通
壬生寺
(P198)
仏光寺通
下京警察署
坊城通
大宮通
黒門通
猪熊通
岩上通
菅大臣天満宮
(P17)
佛光寺
高辻通
松原通
千本通
壬生川通
油小路通
万寿寺通
地下鉄烏丸線
烏丸通
上徳寺
(世継地蔵)
(P14)
9
五条通
1
丹波口駅
京都東急ホテル
今西軒
(P124)
五条駅
中央卸売市場
法華寺
新花屋町通
六条通
北尾晴富堂
(P156)
市比賣神社
(P15)
角屋もてなしの文化美術館
西本願寺
東本願寺
川端通
京都市中央卸売市場
西洞院通
渉成園
(枳殻邸)
高瀬川
鴨川
龍谷大学
七条通
亀屋陸奥
(P116)
七条駅
ヨドバシカメラ
京都タワー
(P175)
京都水族館
塩小路通
梅小路公園
京都鉄道博物館
リーガロイヤルホテル京都
ジェイアール京都伊勢丹
京都駅
ホテルグランヴィア京都
JR京都線
東海道新幹線
八条通
新・都ホテル
ホテル京阪京都
京阪本線
イオンモールKYOTO
東寺通
殿田(P171)
新千本通
東寺
(P39)
九条中学校
東寺駅
九条通
九条駅
171
ジョーシン
鳥羽高校
N
南区役所
近鉄京都線
竹田街道
河原町通
300m

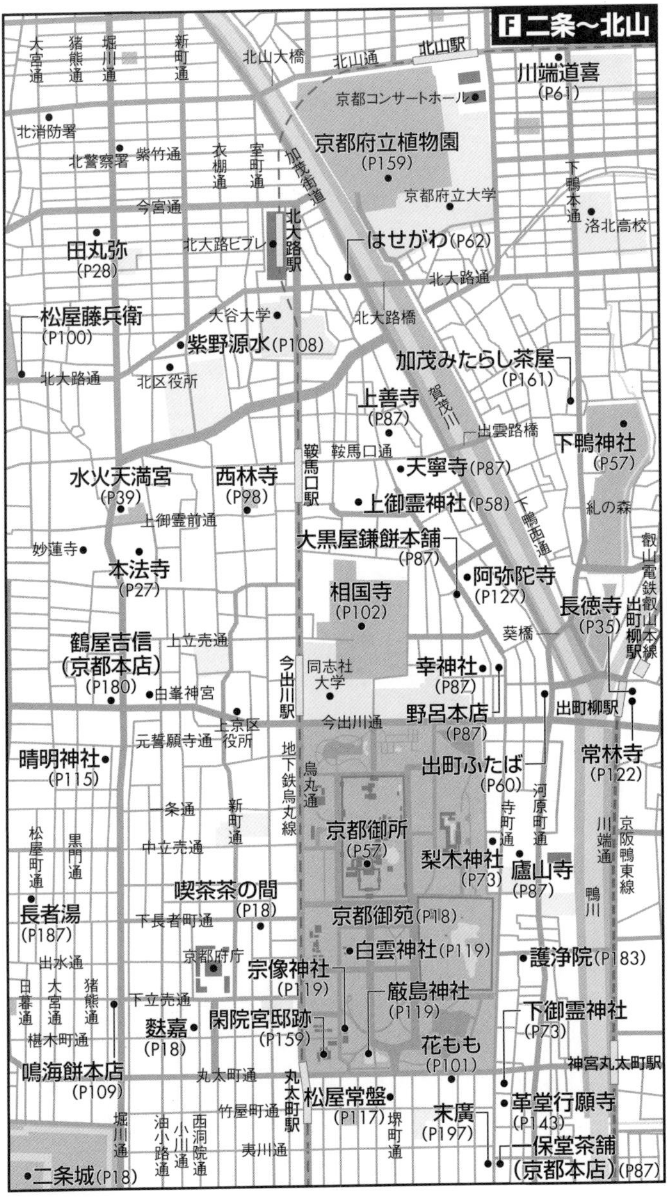
F 二条〜北山
大宮通
猪熊通
堀川通
新町通
北山大橋
北山通
北山駅
川端道喜
(P61)
京都コンサートホール
北消防署
京都府立植物園
(P159)
北警察署
紫竹通
衣棚通
室町通
加茂街道
下鴨本通
京都府立大学
今宮通
洛北高校
北大路駅
田丸弥
(P28)
北大路ビブレ
はせがわ(P62)
北大路通
松屋藤兵衛
(P100)
大谷大学
北大路橋
紫野源水(P108)
加茂みたらし茶屋
(P161)
北大路通
北区役所
上善寺
(P87)
賀茂川
出雲路橋
下鴨神社
(P57)
鞍馬口駅
鞍馬口通
天寧寺(P87)
水火天満宮
(P39)
西林寺
(P98)
上御霊神社(P58)
下鴨西通
糺の森
上御霊前通
大黒屋鎌餅本舗
(P87)
叡山電鉄叡山本線
妙蓮寺
本法寺
(P27)
阿弥陀寺
(P127)
相国寺
(P102)
長徳寺
(P35)
出町柳駅
葵橋
鶴屋吉信
(京都本店)
(P180)
上立売通
今出川駅
同志社大学
幸神社
(P87)
白峯神宮
野呂本店
(P87)
出町柳駅
今出川通
上京区役所
元誓願寺通
地下鉄烏丸線
晴明神社
(P115)
烏丸通
出町ふたば
(P60)
常林寺
(P122)
河原町通
寺町通
一条通
新町通
京都御所
(P57)
川端通
京阪鴨東線
松屋町通
黒門通
中立売通
梨木神社
(P73)
廬山寺
(P87)
鴨川
喫茶茶の間
(P18)
長者湯
(P187)
下長者町通
京都御苑(P18)
京都府庁
白雲神社(P119)
護浄院(P183)
出水通
宗像神社
(P119)
日暮通
大宮通
猪熊通
厳島神社
(P119)
下立売通
下御霊神社
(P73)
麩嘉
(P18)
閑院宮邸跡
(P159)
椹木町通
花もも
(P101)
鳴海餅本店
(P109)
丸太町通
神宮丸太町駅
丸太町駅
松屋常盤
(P117)
革堂行願寺
(P143)
竹屋町通
堀川通
油小路通
小川通
西洞院通
夷川通
堺町通
末廣
(P197)
一保堂茶舗
(京都本店)(P87)
二条城(P18)

N
400m
瑞芳寺
紫竹西通
船岡東通
牛若通
北山通
しょうざんボウル
千本通
今宮神社
(P43)
衣笠常修寺
今宮通
氷室道
おむらはうす
(金閣寺店)
(P47)
佛教大学
鏡石通
大徳寺総見院
(P127)
大徳寺
(P159)
浪切不動寺
金閣寺
(P46)
北大路通
船岡温泉
(P187)
天龍神大神社
船岡山公園
建勲神社
権太呂(金閣寺店)
(P47)
金閣寺湯
(P187)
衣笠中学校
鞍馬口通
石像寺
(釘抜き地蔵)
わら天神
廬山寺通
堂本印象美術館
(P47)
立命館国際
平和ミュージアム
引接寺(千本ゑんま堂)
(P135)
(P135)
きぬかけの路
寺之内通
立命館大学
千本釈迦堂
(P39)
馬代通
平野神社
(P35)
雨宝院
(P39)
等持院
(P83)
萬年山
真如寺
五辻通
北野天満宮
(P17)
千本玉壽軒
(P148)
今出川通
洛星高校
笹屋昌園(P60)
嵐電北野線
北野白梅町駅
上京警察署
浄福寺
龍安寺駅
等持院駅
イズミヤ
とようけ屋山本
(P73)
一条通
椿寺(地蔵院)
(P26)
大将軍八神社
(P137)
京都学園高校
中立売通
大将軍小学校
観音寺
(P31)
妙心寺(P74)
馬代通
天神通
華光寺(P30)
智恵光院通
北野中学校
西大路通
極楽寺
(P31)
妙心寺道
下立売通
七本松通
光清寺(P30)
丸太町通
五劫院(P31)
花園小学校
円町駅
JR嵯峨野線
花園大学
佐井通
太子道
御前通
千本通
美福通
天神川

H 伏見
烏丸線
地下鉄
伏見稲荷駅
稲荷駅
上鳥羽口駅
深草駅
くいな橋駅
伏見稲荷大社
(P10)
藤森駅
京都南IC
竹田駅
名神高速道路
藤森神社
(P59)
近鉄京都線
城南宮
(P51)
阪神高速8号京都線
黒染駅
京阪本線
JR藤森駅
JR奈良線
伏見駅
1
丹波橋駅
近鉄丹波橋駅
御香宮神社
(P73)
桃山駅
桃山御陵前駅
N
富英堂
(P164)
伏見桃山駅
500m

G 宇治
N
500m
萬福寺(P185)
黄檗駅
黄檗公園
陸上自衛隊宇治駐屯地
京阪宇治線
JR奈良線
宇治川
宇治東IC
京滋バイパス
アル・プラザ
7
三室戸寺
(P83)
三室戸駅
任天堂工場
241
宇治駅
ユニチカ工場
大吉山風致公園
宇治駅
宇治神社
15
3
平等院(P127)
宇治警察署
宇治市役所
莵道小学校
宝蔵神社

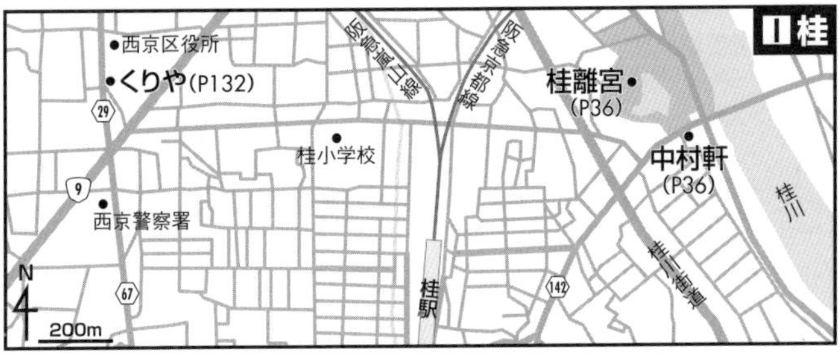
I 桂
西京区役所
阪急嵐山線
阪急京都線
くりや(P132)
桂離宮
(P36)
29
桂小学校
中村軒
(P36)
9
西京警察署
桂川
桂川街道
N
67
142
桂駅
200m

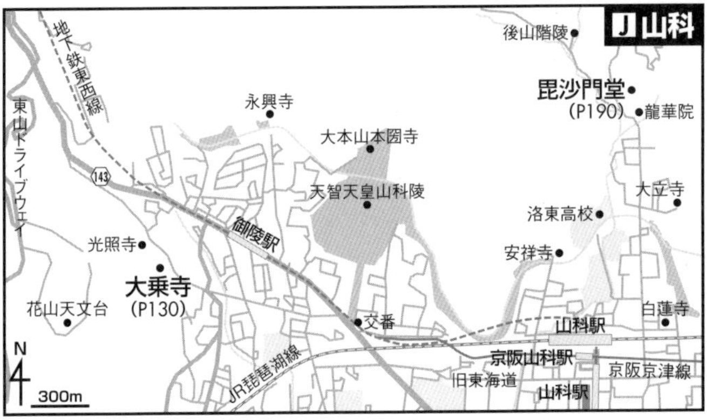
J 山科
地下鉄東西線
後山階陵
毘沙門堂
(P190)
龍華院
東山ドライブウェイ
永興寺
大本山本圀寺
143
天智天皇山科陵
大立寺
洛東高校
御陵駅
光照寺
安祥寺
大乗寺
(P130)
花山天文台
交番
白蓮寺
山科駅
N
JR琵琶湖線
京阪山科駅
旧東海道
京阪京津線
山科駅
300m

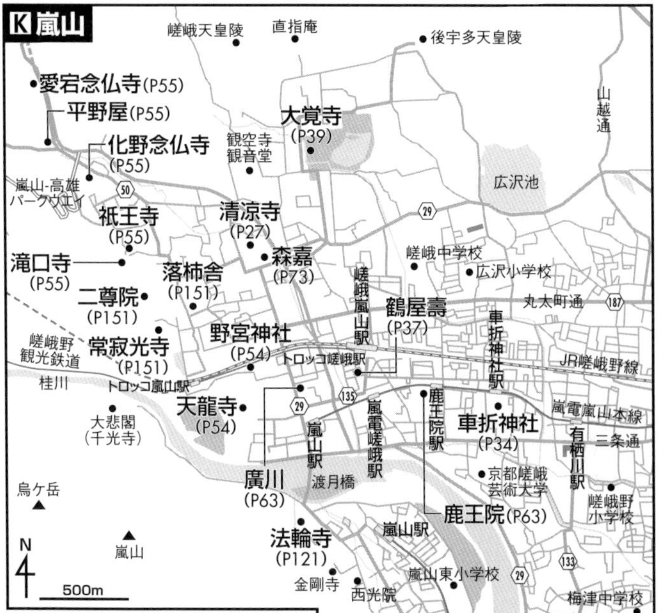
K 嵐山
嵯峨天皇陵
直指庵
後宇多天皇陵
愛宕念仏寺(P55)
平野屋(P55)
大覚寺
(P39)
山越通
化野念仏寺
(P55)
観空寺
観音堂
広沢池
嵐山-高雄
パークウエイ
50
祇王寺
(P55)
清涼寺
(P27)
29
滝口寺
(P55)
落柿舎
(P151)
森嘉
(P73)
嵯峨中学校
広沢小学校
二尊院
(P151)
嵯峨嵐山駅
鶴屋壽
(P37)
丸太町通
187
車折神社駅
常寂光寺
(P151)
野宮神社
(P54)
嵯峨野
観光鉄道
トロッコ嵯峨駅
JR嵯峨野線
桂川
トロッコ嵐山駅
135
嵐電嵐山本線
天龍寺
(P54)
29
鹿王院駅
大悲閣
(千光寺)
嵐山駅
嵐電嵯峨駅
車折神社
(P34)
有栖川駅
三条通
廣川
(P63)
渡月橋
京都嵯峨
芸術大学
烏ケ岳
嵯峨野
小学校
鹿王院(P63)
法輪寺
(P121)
嵐山駅
133
嵐山
N
500m
嵐山東小学校
29
金剛寺
西光院
梅津中学校
嵐山郵便局
桂川
梅宮大社
(P19)
29
四条通
松尾大社
(P19)
松尾大社駅
阪急嵐山線

M 太秦
龍安寺
(P42)
三寶寺(P163)
泉谷山西寿寺
周山街道
きぬかけの路
宇多野小学校
了徳寺
(P163)
仁和寺
(P46)
宇多野駅
龍源寺
御室
仁和寺駅
妙心寺駅
162
鳴滝駅
御室川
木嶋神社
(P95)
常盤駅
嵐電北野線
丸太町通
JR嵯峨野線
太秦駅
東映太秦
映画村
花園駅
撮影所前駅
広隆寺
(P23)
ライフ
帷子ノ辻駅
太子道
太秦広隆寺駅
地下鉄東西線
蚕ノ社駅
太秦
天神川駅
招福亭支店
(P95)
嵐電天神川駅
N
500m
猿田彦神社
(P190)
嵐電嵐山本線

L 小野・醍醐
名神高速道路
117
小野駅
小野御霊町
500m
N
勧修寺
(P83)
大乗院
随心院
醍醐天皇
後山科陵
地下鉄東西線
外環状線
醍醐道
東稜高校
一音寺
西方寺
醍醐西小学校
三宝院
醍醐駅
山科川
36
醍醐寺
(P35)
五重塔

金閣寺湯

・京都市北区衣笠北天神森34

・TEL／075-462-2683

・營業時間／14:00〜25:00

・定休日／月曜

【本文p.187　MAP F】

長者湯

・京都市上京区上長者町通松屋町西入須浜東町450

・TEL／075-441-1223

・營業時間／15:10〜24:00

・定休日／火曜

【本文p.187　MAP F】

本家船はしや

・京都市中京区三条通河原町東入ル中島町112

・TEL／075-221-2673

・營業時間／10:00〜20:00

・定休日／年中無休

【本文p.196　MAP E】

末廣

・京都市中京区寺町通二条上ル要法寺前町711

・TEL／075-231-1363

・營業時間／11:00〜19:00(売切れ次第閉店)

・定休日／月曜

【本文p.197　MAP F】

京都鶴屋 鶴壽庵

・京都市中京区壬生梛ノ宮町24

・TEL／075-841-0751

・營業時間／8:00〜18:00

・定休日／年中無休

【本文p.199　MAP E】

以上揭載資訊為二〇一七年八月現況。實地拜訪前請確認最新資訊。地圖標示的位置僅提供參考。

北尾晴富堂

・京都市下京区新町通花屋町上ル艮町855

・TEL／075-371-3239

・営業時間／9:00〜17:00

・定休日／日曜、第2・4土曜、祝日

【本文p.156　MAP E】

加茂みたらし茶屋

・京都市左京区下鴨松ノ木町53

・TEL／075-791-1652

・営業時間／9:30〜19:00〈L.O. 18:00〉

・定休日／水曜

【本文p.161　MAP F】

富英堂

・京都市伏見区中油掛町93

・TEL／075-601-1366

・営業時間／9:00〜19:00

・定休日／木曜

【本文p.164　MAP H】

いもぼう平野屋本家

・京都市東山区祇園円山公園内八坂神社北側

・TEL／075-525-0026

・営業時間／11:00〜20:30〈L.O. 20:00〉

・定休日／年中無休

【本文p.165　MAP E】

切通し進々堂

・京都市東山区祇園町北側254

・TEL／075-561-3029

・営業時間／10:00〜16:30(喫茶L.O.)、10:00〜18:00(販売)

・定休日／月曜

【本文p.166　MAP E】

殿田

・京都市南区東九条上殿田町15

・TEL／075-681-1032

・営業時間／11:30〜18:00

・定休日／年中無休

【本文p.171　MAP E】

鶴屋吉信(京都本店)

・京都市上京区今出川通堀川西入ル

・TEL／075-441-0105

・営業時間／9:00〜18:00(店舗)、9:30〜17:30〈L.O.〉(菓遊茶屋／お休み処)

・定休日／元日、水曜の一部(店舗)、水曜(菓遊茶屋／お休み処)

【本文p.180　MAP F】

船岡温泉

・京都市北区紫野南舟岡町82-1

・TEL／075-441-3735

・営業時間／15:00〜25:00(月曜〜土曜)、8:00〜25:00(日曜)

・定休日／年中無休

【本文p.187　MAP F】

松屋常盤

・京都市中京区堺町通丸太町下ル
・TEL／075-231-2884
・営業時間／9:00～16:30
・定休日／年始

【本文p.117　MAP F】

今西軒

・京都市下京区烏丸五条西入ル一筋目下ル横諏訪町312
・TEL／075-351-5825
・営業時間／9:30～売切れまで
・定休日／火曜、第1・3月曜（7～8月は月曜・火曜定休）

【本文p.124　MAP E】

くりや

・京都市西京区桂乾町4-11
・TEL／075-391-5202
・営業時間／9:00～19:00（平日）、9:00～18:00（日曜、祝日）
・定休日／元旦

【本文p.132　MAP I】

林万昌堂（四条本店）

・京都市下京区四条通寺町東入ル御旅宮本町3
・TEL／075-221-0258
・営業時間／10:00～20:00
・定休日／元旦

【本文p.132　MAP E】

音羽屋

・京都市東山区泉涌寺26-4
・TEL／075-561-4772
・営業時間／9:00～17:00
・定休日／日曜

【本文p.143　MAP E】

鐘園亭泉涌寺店

・京都市東山区第一日赤前
・TEL／075-561-2224
・営業時間／11:00～21:30
・定休日／木曜

【本文p.143　MAP E】

千本玉壽軒

・京都市上京区千本通今出川上ル
・TEL／075-461-0796
・営業時間／8:30～18:00
・定休日／水曜

【本文p.148　MAP F】

とり市

・京都市中京区寺町通三条上ル天性寺前町523
・TEL／075-231-1508
・営業時間／9:00～21:00
・定休日／年中無休

【本文p.149　MAP E】

〈秋〉

亀屋則克

・京都市中京区堺町通三条上ル

・TEL／075-221-3969

・営業時間／9:00〜17:00

・定休日／日曜、祝日、第3水曜

【本文p.108　MAP E】

紫野源水

・京都市北区小山西大野町78-1

・TEL／075-451-8857

・営業時間／9:30〜18:00

・定休日／日曜、祝日

【本文p.108　MAP F】

鳴海餅本店

・京都市上京区堀川下立売西南角

・TEL／075-841-3080

・営業時間／8:30〜17:30

・定休日／月曜

【本文p.109, 125　MAP F】

みなとや幽霊子育飴本舗

・京都市東山区松原通大和大路東入2丁目轆轤町80-1

・TEL／075-561-0321

・営業時間／10:00〜16:00

・定休日／年中無休

【本文p.110　MAP E】

六波羅飯店

・京都市東山区松原通大和大路東入2丁目轆轤町90

・TEL／075-551-2901

・営業時間／11:00〜21:00

・定休日／火曜

【本文p.111　MAP E】

グリル富久屋

・京都市東山区宮川筋5-341

・TEL／075-561-2980

・営業時間／12:00〜20:30

・定休日／木曜、第3水曜

【本文p.111, 166　MAP E】

宮川町さか

・京都市東山区宮川筋四丁目319-1-5

・TEL／075-531-1230

・営業時間／12:00〜(ランチ)、18:00〜24:00〈L.O.〉(ディナー)

・定休日／日曜(京おどり期間中は営業)

【本文p.111　MAP E】

亀屋陸奥

・京都市下京区西中筋通七条上ル菱屋町153

・TEL／075-371-1447

・営業時間／8:30〜17:00

・定休日／水曜、1月1日〜3日

【本文p.117　MAP E】

野呂本店

・京都市上京区寺町通今出川上ル立本寺前町77

・TEL／0120-33-0749

・営業時間／9:00〜18:00

・定休日／1月1日〜1月4日

【本文p.87　MAP F】

一保堂茶舗（京都本店）

・京都市中京区寺町通二条上ル

・TEL／075-211-3421

・営業時間／9:00〜18:00、10:00〜18:00〈L.O. 17:30〉（喫茶室嘉木）

・定休日／正月

【本文p.87, 169　MAP F】

招福亭支店

・京都市右京区太秦上刑部町19-32

・TEL／075-871-3065

・営業時間／11:00〜15:00

・定休日／無休

【本文p.95　MAP M】

松屋藤兵衛

・京都市北区紫野門前

・TEL／075-492-2850

・営業時間／9:00〜18:00

・定休日／木曜

【本文p.100, 117　MAP F】

本家尾張屋

・京都市中京区車屋町通二条下ル

・TEL／075-231-3446

・営業時間／11:00〜19:00〈L.O. 18:30〉お菓子販売のみ9:00〜

・定休日／1月1日・2日のみ

【本文p.101　MAP E】

花もも

・京都市中京区丸太町麩野町西入ル昆布屋町398

・TEL／075-212-7787

・営業時間／11:00〜18:30（最終入店時間）

・定休日／月曜（祝日の場合は営業）・第4日曜

【本文p.101　MAP F】

野むら山荘

・京都市左京区大原野村町236

・TEL／075-744-3456

・営業時間／12:00〜15:00、17:30〜21:00

・定休日／不定休

【本文p.101　MAP A】

森嘉

・京都市右京区嵯峨釈迦堂藤ノ木町42
・TEL／075-872-3955
・営業時間／8:00〜18:00
・定休日／水曜(祝日の場合は翌日定休。火曜定休あり)

【本文p.73, 150　MAP K】

とようけ屋山本

・京都市上京区七本松通一条上ル滝ヶ鼻町429-5
・TEL／075-462-1315
・営業時間／4:00〜18:30
・定休日／正月、お盆以外無休

【本文p.73　MAP F】

平野とうふ

・京都市中京区姉小路通麩屋町角289
・TEL／075-221-1646
・営業時間／10:00〜18:00
・定休日／日曜

【本文p.73　MAP E】

鍵善良房(四条本店)

・京都市東山区祇園町北側264
・TEL／075-561-1818
・営業時間／9:00〜18:00(菓子販売)、9:30〜18:00〈L.O. 17:45〉(喫茶)
・定休日／月曜(祝日の場合は翌日定休)

【本文p.77　MAP E】

先斗町駿河屋

・京都市中京区先斗町三条下ル
・TEL／075-221-5210
・営業時間／10:00〜18:00
・定休日／火曜

【本文p.77　MAP E】

喫茶チロル

・京都市中京区門前町539-3
・TEL／075-821-3031
・営業時間／6:30〜17:00
・定休日／日曜、祝日

【本文p.79　MAP E】

中国饗膳粋廉

・京都市中京区西ノ京職司町76
・TEL／075-822-2888
・営業時間／12:00〜14:00、18:00〜21:30
・定休日／月曜、火曜

【本文p.79　MAP E】

大黒屋鎌餅本舗

・京都市上京区寺町今出川上ル4丁目西入ル阿弥陀寺前町25
・TEL／075-231-1495
・営業時間／8:30〜18:30
・定休日／第2、4水曜(祝日の場合は営業)

【本文p.87, 140, 170　MAP F】

〈夏〉

出町ふたば

・京都市上京区出町通今出川上ル青龍町236
・TEL／075-231-1658
・営業時間／8:30～17:30
・定休日／火曜、第4水曜（祝日の場合は翌日定休）

【本文p.60, 125　MAP F】

笹屋昌園

・京都市右京区谷口園町3-11
・TEL／075-461-0338
・営業時間／10:00～18:00
・定休日／火曜

【本文p.60　MAP F】

川端道喜

・京都市左京区下鴨南野々神町2-12
・TEL／075-781-8117
・営業時間／9:30～17:30
・定休日／水曜

【本文p.61, 148, 188　MAP F】

はせがわ

・京都市北区小山下内河原町68
・TEL／075-491-8835
・営業時間／11:15～22:00〈L.O. 21:00〉ランチは15:00まで（15:00～16:00までは喫茶のみ）
・定休日／月曜、第3火曜（祝日の場合は翌日定休）

【本文p.62　MAP F】

松乃鰻寮

・京都市左京区岩倉木野町189
・TEL／075-701-1577
・営業時間／12:00～15:00〈L.O. 14:00〉、17:00～21:00〈L.O. 19:30〉
・定休日／不定休

【本文p.63　MAP B】

廣川

・京都市右京区嵯峨天龍寺北造路町44-1
・TEL／075-871-5226
・営業時間／11:30～14:30、17:00～21:00〈L.O. 20:00〉
・定休日／月曜、その他連休あり

【本文p.63　MAP K】

グリル小宝

・京都市左京区岡崎北御所町46
・TEL／075-771-5893
・営業時間／11:30～21:45
・定休日／火曜、第2・4水曜

【本文p.71　MAP D】

一澤信三郎帆布

・京都市東山区東大路通古門前北
・TEL／075-541-0436
・営業時間／9:00～18:00
・定休日／不定休

【本文p.71　MAP E】

本書主要介紹的店家

〈春〉

麩嘉
・京都市上京区西洞院堪木町上ル東裏辻町413
・TEL／075-231-1584
・営業時間／9:00～17:00
・定休日／月曜、最終日曜(1月～8月)
【本文p.18, 68　MAP F】

喫茶茶の間
・京都市上京区下長者町室町西入ル南側
・TEL／075-441-7615
・営業時間／7:30～17:00(月曜～金曜)、9:30～17:00(土曜、祝日)
・定休日／日曜、第2・4土曜
【本文p.18　MAP F】

田丸弥(本店)
・京都市北区紫竹東高縄町5
・TEL／075-491-7371
・営業時間／8:30～17:30
・定休日／日曜、祝日、1月1日～4日
【本文p.28　MAP F】

中村軒
・京都市西京区桂浅原町61
・TEL／075-381-2650
・営業時間／7:30～18:00、茶店9:30～18:00〈L.O. 17:45〉
・定休日／水曜(祝日は営業)
【本文p.37, 132, 148　MAP I】

鶴屋壽
・京都市右京区嵯峨天龍寺車道町30
・TEL／075-862-0860
・営業時間／9:00～17:00
・定休日／年中無休
【本文p.37　MAP K】

おむらはうす(金閣寺店)
・京都市北区衣笠総門町10-9
・TEL／075-462-9786
・営業時間／11:00～15:30
・定休日／月曜(祝日の場合は翌日定休)
【本文p.47　MAP F】

権太呂(金閣寺店)
・京都市北区平野宮敷町26
・TEL／075-463-1039
・営業時間／11:00～21:30〈L.O. 21:00〉
・定休日／水曜
【本文p.47　MAP F】

平野屋
・京都市右京区嵯峨鳥居本仙翁町16
・TEL／075-861-0359
・営業時間／11:30～21:00
・定休日／年中無休
【本文p.55　MAP K】

毘沙門堂

京都市山科区安朱稲荷山町18

【本文p.190　MAP J】

三十三間堂

京都市東山区三十三間堂廻り町657

【本文p.191　MAP E】

吉田神社

京都市左京区吉田神楽岡町30

【本文p.195　MAP D】

壬生寺

京都市中京区坊城仏光寺北入ル

【本文p.195, 198　MAP E】

了徳寺

京都市右京区鳴滝本町83

【本文p.163　MAP M】

三寶寺

京都市右京区鳴滝松本町32

【本文p.163　MAP M】

青蓮院

京都市東山区粟田口三条坊町

【本文p.167　MAP E】

日向大神宮

京都市山科区日ノ岡一切経谷町29

【本文p.167　MAP E】

圓光寺

京都市左京区一乗寺小谷町13

【本文p.170　MAP C】

京都タワー

京都市下京区烏丸通七条下ル東塩小路町721-1

【本文p.174　MAP E】

安楽寺

京都市左京区鹿ケ谷御所ノ段町21

【本文p.175　MAP D】

護浄院

京都市上京区荒神口通寺町東入荒神町122

【本文p.183　MAP F】

京都ゑびす神社

京都市東山区大和大路四条南

【本文p.184　MAP E】

松ヶ崎大黒天

京都市左京区松ヶ崎東町31

【本文p.185, 191　MAP C】

萬福寺

宇治市五ヶ庄三番割34

【本文p.185　MAP G】

赤山禅院

京都市左京区修学院開根坊町18

【本文p.185　MAP C】

八坂庚申堂

京都市東山区金園町390

【本文p.190　MAP E】

猿田彦神社

京都市右京区山ノ内荒木町3

【本文p.190　MAP M】

尊勝院

京都市東山区粟田口三条坊町70

【本文p.190　MAP E】

鞍馬寺

京都市左京区鞍馬本町1074

【本文p.190　MAP A】

永観堂
京都市左京区永観堂町48
【本文p.136, 167　MAP D】

粟田神社
京都市東山区粟田口鍛治町1
【本文p.137　MAP E】

岡崎神社
京都市左京区岡崎東天王町51
【本文p.137　MAP D】

大将軍八神社
京都市上京区一条通御前西入西町48
【本文p.137　MAP F】

護国神社
京都市東山区清閑寺霊山町1
【本文p.137　MAP E】

今熊野観音寺
京都市東山区泉涌寺山内
【本文p.142　MAP E】

革堂行願寺
京都市中京区寺町通竹屋町上ル行願寺門前町17
【本文p.143, 185　MAP F】

即成院
京都市東山区泉涌寺山内町28
【本文p.143　MAP E】

二尊院
京都市右京区嵯峨二尊院門前長神町27
【本文p.151　MAP K】

落柿舎
京都市右京区嵯峨小倉山緋明神町20
【本文p.151　MAP K】

常寂光寺
京都市右京区嵯峨小倉山小倉町3
【本文p.151　MAP K】

〈冬〉

大徳寺
京都市北区紫野大徳寺町53
【本文p.159　MAP F】

京都府立植物園
京都市左京区下鴨半木町
【本文p.159　MAP F】

閑院宮邸跡
京都市上京区京都御苑内3
【本文p.159　MAP F】

南座
京都市東山区四条大橋東詰
【本文p.161　MAP E】

南禅寺
京都市左京区南禅寺福地町
【本文p.115, 167　MAP D】

晴明神社
京都市上京区晴明町806
【本文p.115　MAP F】

白雲神社
京都市上京区京都御苑内
【本文p.119　MAP F】

宗像神社
京都市上京区京都御苑内9
【本文p.119　MAP F】

厳島神社
京都市上京区京都御苑内6
【本文p.119　MAP F】

法輪寺
京都市西京区嵐山虚空蔵山町
【本文p.121　MAP K】

常林寺
京都市左京区田中下柳町33
【本文p.122　MAP F】

石清水八幡宮
八幡市八幡高坊30
【本文p.123　MAP A】

三宅八幡宮
京都市左京区上高野三宅町
【本文p.123　MAP C】

大徳寺総見院
京都市北区大徳寺町59
【本文p.127　MAP F】

阿弥陀寺
京都市上京区寺町通今出川上ル鶴山町14
【本文p.127, 140　MAP F】

大雲院
京都市東山区祇園町南側594-1
【本文p.127　MAP E】

平等院
宇治市宇治蓮華116
【本文p.127　MAP G】

大乗寺
京都市山科区北花山大峰町38-1
【本文p.130　MAP J】

石像寺(釘抜地蔵)
京都市上京区千本通上立売上ル花車町503
【本文p.135　MAP F】

引接寺(千本ゑんま堂)
京都市上京区千本通寺之内上ル閻魔前町34
【本文p.135　MAP F】

矢田寺

京都市中京区寺町通三条上ル523

【本文p.87　MAP E】

長楽寺

京都市東山区円山町626

【本文p.91, 167　MAP E】

寂光院

京都市左京区大原草生町676

【本文p.91　MAP A】

木嶋神社

京都市右京区太秦森ケ東町50

【本文p.95　MAP M】

蓮華寺

京都市左京区上高野八幡町1

【本文p.96　MAP C】

愛宕神社

京都市右京区嵯峨愛宕町1

【本文p.97　MAP A】

西林寺

京都市上京区上御霊前通室町西入玄蕃町46

【本文p.98　MAP F】

相国寺

京都市上京区今出川通烏丸東入

【本文p.102　MAP F】

銀閣寺

京都市左京区銀閣寺町2

【本文p.103, 107　MAP D】

法然院

京都市左京区鹿ヶ谷御所ノ段町30

【本文p.103, 126, 175　MAP D】

〈秋〉

六道珍皇寺

京都市東山区大和大路通四条下ル4丁目小松町595

【本文p.104, 110　MAP E】

西福寺

京都市東山区松原通大和大路東入2丁目轆轤町81

【本文p.110　MAP E】

大谷本廟

京都市東山区五条橋東6丁目514

【本文p.110　MAP E】

六波羅蜜寺

京都市東山区五条通大和大路上ル東

【本文p.111, 185　MAP E】

御香宮神社
京都市伏見区御香宮門前町174
【本文p.73　MAP H】

下御霊神社
京都市中京区寺町通丸太町下ル
【本文p.73　MAP F】

清水寺
京都市東山区清水一丁目
【本文p.73, 110, 143　MAP E】

妙心寺
京都市右京区花園妙心寺町64
【本文p.74　MAP F】

神泉苑
京都市中京区御池通神泉苑町東入門前町166
【本文p.78, 81　MAP E】

武信稲荷神社
京都市中京区三条大宮西二筋目下ル
【本文p.79, 199　MAP E】

建仁寺
京都市東山区大和大路通四条下ル小松町
【本文p.83　MAP E】

等持院
京都市北区等持院北町63
【本文p.83　MAP F】

勧修寺
京都市山科区勧修寺仁王堂町27-6
【本文p.83　MAP L】

三室戸寺
宇治市菟道滋賀谷21
【本文p.83　MAP G】

上善寺
京都市北区鞍馬口通寺町東入上善寺門前町338
【本文p.87　MAP F】

天寧寺
京都市北区寺町通鞍馬口下ル天寧寺門前町301
【本文p.87　MAP F】

幸神社
京都市上京区寺町通今出川上ル西入幸神町303
【本文p.87　MAP F】

盧山寺
京都市上京区寺町通広小路上ル北之辺町397
【本文p.87, 115　MAP F】

本能寺
京都市中京区寺町通御池下ル下本能寺前町522
【本文p.87, 127　MAP E】

祇王寺
京都市右京区嵯峨鳥居本小坂町32
【本文p.55　MAP K】

滝口寺
京都市右京区嵯峨亀山町10-4
【本文p.55　MAP K】

化野念仏寺
京都市右京区嵯峨鳥居本化野町17
【本文p.55, 113　MAP K】

愛宕念仏寺
京都市右京区嵯峨鳥居本深谷町2-5
【本文p.55　MAP K】

〈夏〉

京都御所
京都市上京区京都御苑内
【本文p.57, 139　MAP F】

下鴨神社
京都市左京区下鴨泉川町59
【本文p.57, 62, 75, 96, 161, 183　MAP F】

上御霊神社
京都市上京区上御霊前通烏丸東入上御霊竪町495
【本文p.57, 58　MAP F】

得浄明院
京都市東山区新橋通大和大路東入3丁目林下町459
【本文p.58　MAP E】

藤森神社
京都市伏見区深草鳥居崎町609
【本文p.59　MAP H】

実相院
京都市左京区岩倉上蔵町121
【本文p.63, 159　MAP B】

鹿王院
京都市右京区嵯峨北堀町24
【本文p.63, 95, 158　MAP K】

八坂神社
京都市東山区祇園町北側625
【本文p.66, 96, 177　MAP E】

詩仙堂
京都市左京区一乗寺門口町27
【本文p.67, 178　MAP C】

平安神宮
京都市左京区岡崎西天王町97
【本文p.70, 123, 139　MAP D】

梨木神社
京都市上京区寺町通広小路上ル
【本文p.73, 87, 122　MAP F】

桂離宮
京都市西京区桂御園
【本文p.37　MAP I】

千本釈迦堂
京都市上京区七本松通今出川上ル
【本文p.39, 135, 163　MAP F】

東寺
京都市南区九条町1
【本文p.39, 57, 78, 102, 171, 185
MAP E】

大覚寺
京都市右京区嵯峨大沢町4
【本文p.39, 146　MAP K】

上賀茂神社
京都市北区上賀茂本山339
【本文p.39, 57, 75, 120, 123, 183
MAP A】

雨宝院
京都市上京区智恵光院通上立売上ル
聖天町9-3
【本文p.39　MAP F】

水火天満宮
京都市上京区堀川通上御霊前上ル扇
町722-10
【本文p.39, 159　MAP F】

養源院
京都市東山区三十三間堂廻り町
【本文p.39　MAP E】

龍安寺
京都市右京区龍安寺御陵下町13
【本文p.42, p.46　MAP M】

今宮神社
京都市北区紫野今宮町21
【本文p.43, 105, 137, 159　MAP F】

金閣寺
京都市北区金閣寺町1
【本文p.46, 119, 174　MAP F】

仁和寺
京都市右京区御室大内33
【本文p.46, 160　MAP M】

堂本印象美術館
京都市北区平野上柳町26-3
【本文p.47　MAP F】

知恩院
京都市東山区林下町400
【本文p.50, 167　MAP E】

城南宮
京都市伏見区中島鳥羽離宮町7
【本文p.51　MAP H】

天龍寺
京都市右京区嵯峨天龍寺芒ノ馬場町
68
【本文p.54, 158　MAP K】

野宮神社
京都市右京区嵯峨野宮町1
【本文p.54　MAP K】

平岡八幡宮

京都市右京区梅ヶ畑宮ノ口町23

【本文p.27　MAP A】

東福寺

京都市東山区本町15丁目778

【本文p.27, 28, 49, 51, 103, 115, 136　MAP E】

本法寺

京都市上京区小川通寺ノ内上ル本法寺前町617

【本文p.27, 159, 177　MAP F】

泉涌寺

京都市東山区泉涌寺山内町27

【本文p.27, 142, 185　MAP E】

清凉寺

京都市右京区嵯峨釈迦堂藤ノ木町46

【本文p.27, 104, 150　MAP K】

華光寺

京都市上京区出水通六軒町西入七番町331

【本文p.30　MAP F】

光清寺

京都市上京区出水通六軒町西入七番町339

【本文p.30　MAP F】

五劫院

京都市上京区出水通七本松東入七番町348

【本文p.31　MAP F】

観音寺

京都市上京区七本松通出水下ル三番町28

【本文p.31　MAP F】

極楽寺

京都市上京区七本松通出水下ル三番町282

【本文p.31　MAP F】

車折神社

京都市右京区嵯峨朝日町23

【本文p.34, 95, 183　MAP K】

平野神社

京都市北区平野宮本町 1

【本文p.35, 47, 58, 138　MAP F】

醍醐寺

京都市伏見区醍醐東大路町22

【本文p.35　MAP L】

長徳寺

京都市左京区田中下柳町34-1

【本文p.35　MAP F】

知恩寺

京都市左京区田中門前町103

【本文p.35, 147　MAP D】

本書主要介紹的寺社．史蹟

〈春〉

伏見稲荷大社
京都市伏見区深草藪之内町68
【本文p.10, 154, 183, 195　MAP H】

上徳寺(世継地蔵)
京都市下京区富小路通五条下ル本塩竈町556
【本文p.14　MAP E】

市比賣神社
京都市下京区河原町五条下ル一筋目西入ル
【本文p.15　MAP E】

菅大臣天満宮
京都市下京区仏光寺通新町西入菅大臣189
【本文p.17 MAP E】

北野天満宮
京都市上京区馬喰町
【本文p.17, 129, 177, 186, 195 MAP F】

京都御苑
京都市上京区京都御苑3
【本文p.18, 87, 118, 159, 187 MAP F】

二条城
京都市中京区二条通堀川西入二条城町541
【本文p.18, 78 MAP F】

梅宮大社
京都市右京区梅津フケノ川町30
【本文p.19, 66, 187　MAP K】

松尾大社
京都市西京区嵐山宮町3
【本文p.19　MAP K】

東北院
京都市左京区浄土寺真如町83
【本文p.19　MAP D】

紫雲山頂法寺(六角堂)
京都市中京区六角通東洞院西入堂之前町
【本文p.22, 143　MAP E】

広隆寺
京都市右京区太秦蜂岡町32
【本文p.23, 95, 137　MAP M】

貴船神社
京都市左京区鞍馬貴船町180
【本文p.24, 144, 191　MAP A】

椿寺(地蔵院)
京都市北区大将軍川端町2
【本文p.26　MAP F】

真正極楽寺(真如堂)
京都市左京区浄土寺真如町82
【本文p.27, 98, 123　MAP D】

發現日本 06

二十四節氣在京都：文學家的散步手札，一整年的靜逸之旅
二十四節気の京都 観る、知る、食べる、歩く

作　　者　柏井壽
譯　　者　嚴可婷
主　　編　蔡明慧
編　　輯　曹仲堯
校　　對　曹仲堯、黎虹君
美術設計　劉子璇

發 行 人　洪祺祥
副總經理　洪偉傑
副總編輯　曹仲堯
法律顧問　建大法律事務所
財務顧問　高威會計師事務所
出　　版　日月文化出版股份有限公司
製　　作　EZ叢書館
地　　址　台北市信義路三段151號8樓
電　　話　(02)2708-5509
傳　　真　(02)2708-6157
客服信箱　service@heliopolis.com.tw
網　　址　www.heliopolis.com.tw
郵撥帳號　19716071 日月文化出版股份有限公司

總 經 銷　聯合發行股份有限公司
電　　話　(02)2917-8022
傳　　真　(02)2915-7212
印　　刷　中原造像股份有限公司
初　　版　2019年06月
定　　價　320元

ISBN：978-986-248-811-9

國家圖書館出版品預行編目 (CIP) 資料

二十四節氣在京都：文學家的散步手札，一整年的靜逸之旅／柏井壽作；嚴可婷譯－初版－臺北市：日月文化，2019.06
面；公分－（發現日本；6）
譯自：二十四節気の京都：観る、知る、食べる、歩く
ISBN 978-986-248-811-9（平裝）

1. 遊記　2. 人文地理 3. 日本京都市

731.75219　　108005588

「京都幸福俱樂部」發刊辭

遙在制訂為首都之前，京都這座城市已有許多人定居。在平安京時期自不待言，即使經過時代變遷，作為一統天下的第一步，許多戰國武將都以攻佔京都為目標。時至今日，前所未見的大量觀光客來訪，搬到京都居住的人也增加了。

橫跨古今與海內外，為什麼人們會聚集在京都呢？

因為以世界文化遺產為首，京都有著遠近馳名的寺院神社、以三大祭為代表的歲時，再加上還有許多美味的食物。

但人們以京都為目標，並非只為了這些。儘管眼睛看不到、耳朵聽不見，京都滿溢著「幸福」的氣息。正因能親身體會，所以有這麼多人來到京都，而且每個人的臉上都浮現笑容。

歡迎來到幸福的城市——京都。

二〇一五年九月

《京都幸福俱樂部》總編輯　柏井壽（作家）